Élodie Martins, Françoise Claustres

RENDRE SON CHIEN HEUREUX

ULMER

À Leïa qui illumine mon quotidien.
Élodie Martins

À ma Mokette adorée.
Françoise Claustres

Sommaire

Introduction

Certains propriétaires de chien pensent encore que de la nourriture, un peu de présence et un jardin suffisent au bonheur de leur compagnon. C'est faux. Un chien a besoin de se dépenser physiquement, par des balades notamment, intellectuellement, en apprenant des choses par exemple (chercher quelqu'un, ranger ses jouets...), mais aussi d'être bien psychologiquement, en développant sa complicité avec son humain et en bénéficiant de certains éléments (stimulation, paroles, massages...). Ce n'est qu'ainsi qu'il sera heureux, avec sa famille, ses congénères et les autres humains, et que vous éviterez certains comportements indésirables (destruction, malpropreté, agressivité...) qui sont en fait des symptômes traduisant son mal-être.

LES DÉPENSES PHYSIQUES

Les dépenses physiques sont ce à quoi pense en premier tout propriétaire quand il se demande ce dont a besoin son chien. Ce ne sont pourtant pas les seules, comme nous le verrons, même si, bien sûr, un chien a besoin de se dépenser physiquement. Et pas seulement 5 min de balade hygiénique quatre fois par jour. Un chien a des besoins fondamentaux qui sont résumés par **la pyramide de Maslow adaptée aux chiens**, et même s'il reste sagement sur le canapé, il ne faut pas en déduire que cela lui convient. Tous les chiens ne sont pas des chiens de salon ! Alors, quand vous en prenez un, réfléchissez avant à ce que vous pouvez lui offrir : temps, espace,

PYRAMIDE DE MASLOW ADAPTÉE AUX CHIENS

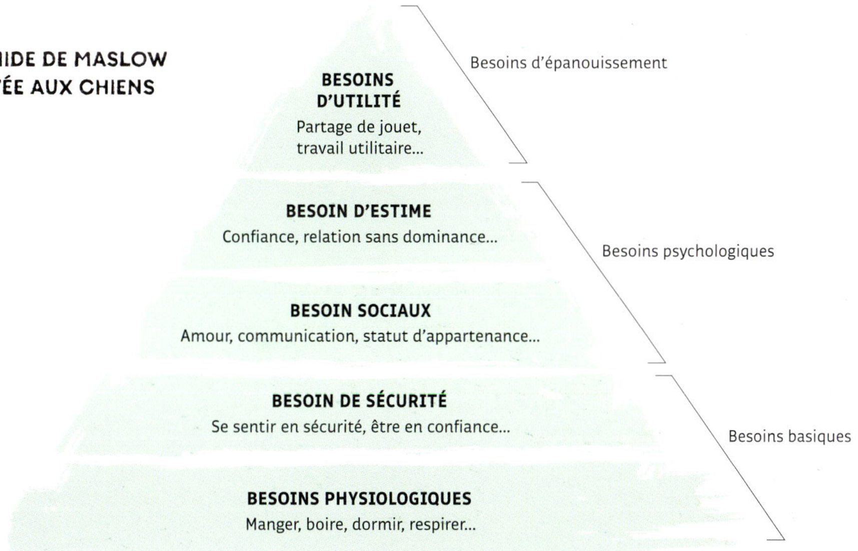

jardin ou pas, ville ou campagne, etc. Un jeune labrador n'a en effet pas les mêmes besoins qu'un chihuahua âgé !

Parmi les dépenses physiques, nous évoquerons **les balades**, en laisse ou libre, mais aussi **les activités tendance** à deux en extérieur, souvent proposées dans les centres d'éducation canine, comme **le cani-cross, l'agility, le chien de troupeau, le canipaddle...** dont nous verrons les avantages et les inconvénients. Dans tous les cas, il faudra choisir et adapter l'activité en fonction du tempérament et de l'âge du chien.

Moins connue, **la gym de salon** est un moyen tout simple de faire faire des exercices à son chien, même par mauvais temps, en utilisant le mobilier du quotidien. Votre chien peut aussi pratiquer des **activités en groupe** comme les balades en groupe, les rencontres dans les parcs à chien...

Le chien a également besoin de **jouer**, cela semble évident, mais comment et avec quoi ? Avec une balle, un frisbee, un tug ? Attention ! Tout n'est pas bon à prendre.

Le chien appréciera aussi **les activités masticatoires,** essentielles pour son équilibre. Il a en effet besoin de mâchouiller, ronger, croquer, déchiqueter... durant la journée, d'où l'importance de lui laisser des jouets adaptés lui permettant de répondre à ce besoin.

Moins connus, **les jeux de proprioception** permettent de travailler l'équilibre du chien et sa perception du corps tout en renforçant sa musculature en fonction des exercices.

L'ÉDUCATION RESPECTUEUSE

Un chien heureux est un chien qui a été éduqué sur le mode de l'éducation respectueuse : sans cris, coups de laisse, violence physique ou psychique. Dans le cas contraire, il risque de développer des troubles du comportement. Et ne croyez pas que le chien du voisin, éduqué à la manière forte, est heureux parce qu'il ne bouge pas d'un poil ! Il a peut-être tout simplement peur. Le principe sur lequel s'appuie ce livre est celui de l'éducation respectueuse. ***Les bons comportements sont récompensés et encouragés, ce qui permet de les renforcer ; les comportements gênants sont ignorés ou redirigés.*** *L'éducation respectueuse évite également, dans les apprentissages, de mettre le chien en échec. Voilà pourquoi on terminera toujours un exercice par une réussite et on adaptera sa difficulté au chien.*

LES DÉPENSES INTELLECTUELLES

Les dépenses intellectuelles sont également indispensables à l'épanouissement de votre chien. Savez-vous que, pour qu'il se dépense, lui apprendre quelque chose de nouveau est aussi efficace qu'une balade en forêt ? Les dépenses mentales évitent en outre au chien de développer des comportements indésirables dus au manque de stimulation. Par ailleurs, elles renforcent le lien homme-chien puisqu'on encourage et qu'on accompagne son chien dans la résolution du problème.

Les jeux cognitifs du commerce où le chien doit ouvrir des boîtes pour trouver les friandises qui se trouvent à l'intérieur commencent à être connus, mais on peut aussi en fabriquer soi-même, comme nous le verrons. Il existe également des jouets parfaits en cas d'absence, comme le kong.
On peut aussi faire se dépenser son chien intellectuellement au moyen **d'apprentissages variés.** On peut lui apprendre des exercices de degrés de difficultés variés: le « donne », le « au pied », et même à essuyer ses pattes avant d'entrer. Certains apprentissages pourront se faire au moyen du clicker qui facilite la prise d'initiative du chien durant l'exercice. Très intéressants également, **les jeux de discrimination** (différenciation), qui demandent au chien de désigner un jouet/objet parmi plusieurs objets.
Une activité de loisir très appréciée du chien allie dépenses physiques et intellectuelles, tout en soudant le binôme humain-chien: le **mantrailing**, où le chien apprend à suivre une piste précise pour retrouver une personne cachée. De plus, elle est très intéressante pour les chiens présentant des problèmes de comportement (peur des humains, de certains environnements...). Nous expliquerons comment cela fonctionne. Le **nose work** (travail du flair) à la maison consiste quant à lui à apprendre au chien à détecter une odeur précise et à la chercher à la maison (ex. le sachet de thé).

LE BIEN-ÊTRE AU QUOTIDIEN

Si on a longtemps pensé qu'un chien n'avait pas besoin de grand-chose sous prétexte que c'était un animal, les idées changent et le bien-être psychologique et psychique du chien commence à être pris en compte.
Comprendre le langage de votre chien est la première des choses à faire, notamment au moyen des **signaux d'apaisement** qu'il envoie. En effet, si on ne comprend pas ce qu'il dit, impossible d'améliorer son bien-être qui passe par des éléments aussi basiques que son **alimentation, l'aménagement de son intérieur** (couchage...), mais aussi par des éléments moins connus, comme **le massage canin,** qui permet de détendre un chien, de soulager le chien senior, de favoriser sa mobilité, d'aider au rétablissement, de réduire le stress... **Les Fleurs de Bach**, de plus en plus utilisées pour apaiser le stress ou équilibrer les émotions, peuvent également aider le chien (lutte contre le stress, appréhension d'une nouvelle situation, récupération après une chirurgie...).
Le reiki, le shiatsu et l'ostéopathie sont des techniques qui complètent les soins médicaux.
Pour habituer votre chien aux soins vétérinaires, ce qui est très important si on ne veut pas qu'il les vive mal, rien de mieux que **le medical training** ou habituation aux soins qu'on peut pratiquer à la maison en préventif. Même chose pour l'habituation à la douche et au bain.
Quant au **chien senior,** il convient de tout adapter à son âge (couchage, activité, nourriture...) afin de lui apporter une fin de vie digne de l'amour inconditionnel qu'il nous a porté.
Enfin, tout propriétaire de chien se doit d'être à l'écoute de son compagnon quand il est en présence d'enfants et de s'informer auprès de personnes compétentes en prenant garde aux idées reçues.

Ce livre n'utilise pas le terme « maître » qui renvoie à une idée de domination qui n'existe pas entre les chiens et les humains. Ce mot va également à l'encontre de l'approche respectueuse que ce livre défend.

BONNE LECTURE!

LES [illegible]ENSES
PHYSIQUES

La sacro-sainte balade

Vous croyez que votre jardin suffit aux dépenses physiques de votre chien ? Vous pensez que 10 min de promenade matin et soir et un peu plus le week-end, c'est largement suffisant ? Vous vous trompez. Votre chien a besoin de se dépenser physiquement, et notamment au moyen de balades quotidiennes. Mais pas n'importe lesquelles, et pas n'importe comment.

L'ÉQUIPEMENT

LE COLLIER

Le bon collier est plat, en tissu ou en cuir. Il est suffisamment serré pour que le chien ne le retire pas, mais pas trop pour qu'il ne soit pas « étranglé » (on doit pouvoir passer deux doigts sous le collier). Il doit également être muni d'une médaille sur laquelle sont écrits le nom du chien et vos coordonnées téléphoniques, en plus de l'identification qui est obligatoire.

✖ *Les colliers étrangleurs, semi-étrangleurs, torquatus sont à bannir : ils font mal au chien et nuisent à votre relation. Ils ne correspondent pas à l'éducation respectueuse défendue dans ce livre.*

✖ *N'attachez pas la laisse au collier si votre chien tire en laisse car cela comprime sa trachée et crée des tensions au niveau des vertèbres cervicales.*

LA LAISSE

Mieux vaut avoir des laisses de différentes longueurs adaptées aux différentes balades. En ville, on optera pour une laisse d'une longueur variant entre 1,50 m et 5 m, en adaptant la longueur en fonction de la situation et de l'environnement.

✖ *La laisse de type enrouleur est déconseillée pour l'apprentissage de la marche en laisse sans tirer. En effet, il y a toujours une tension sur le collier/harnais avec une laisse de ce type. Le chien apprend donc à marcher en laisse avec une tension permanente... De plus, si le chien se met à tourner autour d'une personne ou d'un autre chien, le cordon risque de le blesser.*

LA LONGE

Équipez-vous d'une longe de 10 à 20 m pour les balades en pleine nature où vous ne pouvez pas lâcher votre chien. Elle vous servira également pour l'apprentissage du rappel (*cf.* p. 16).

LE HARNAIS

Mieux vaut attacher la laisse au harnais qu'au collier. Choisissez un harnais qui laisse les épaules dégagées. Certains sont doublés pour éviter que le frottement du nylon ne blesse le chien.

Si votre chien tire, vous pouvez opter pour un harnais avec une boucle d'attache sur le poitrail. Ce type de harnais facilite l'apprentissage de la marche en laisse sans tirer car lorsque le chien tire, il est dévié de sa trajectoire.

LE GPS

Un GPS attaché au harnais ou au collier plat peut se révéler fort utile pour localiser votre chien s'il s'est éloigné de vous. Il existe des petits GPS légers à des tarifs abordables.

LE MANTEAU

Certains chiens peuvent souffrir du froid et/ou de l'humidité. Si votre chien est réticent à sortir, tremble lorsqu'il pleut et/ou qu'il fait froid, vous pouvez lui mettre un manteau. Avec l'âge, votre chien peut également devenir plus sensible aux variations climatiques.

L'EAU ET LES FRIANDISES

Vous pouvez emporter en balade des friandises appétentes pour récompenser votre chien quand il revient à votre appel, qu'il fait une bonne marche au pied ou qu'il croise un chien calmement. N'oubliez pas l'eau quand il fait chaud et que vous faites une longue balade. Il existe des fontaines d'eau portatives (sortes de gamelles d'eau portables).

LE COLLIER PHOSPHORESCENT

Pour les balades nocturnes, vous pouvez passer par-dessus le collier de votre chien un collier lumineux LED qui indique sa présence aux voitures et aux autres promeneurs.

LA BALADE

Ce n'est pas parce que l'on a un jardin qu'il ne faut pas emmener son chien en balade! Quatre sorties hygiéniques par jour sont un minimum quand on n'a pas de jardin. En plus, le chien doit pouvoir profiter d'une à deux bonnes balades détentes adaptées à ses capacités physiques, à son âge et à son

tempérament. Attention: certains petits chiens ont besoin de plus d'exercice physique que certains grands, comme le Jack Russel, qui est un petit chien souvent vif.

LA DURÉE

Adaptez la durée de la balade à l'âge de votre chien.

Le chiot

On parle de 5 min de balade par mois d'âge du chien. Le chiot doit découvrir le monde qui l'entoure dans de bonnes conditions et il est important de lui laisser des temps de repos car il a besoin de dormir pour bien se développer.

Le senior

Il est important de lui maintenir une activité physique tout en prenant en compte ses capacités et ses douleurs (arthrose, douleurs articulaires, incontinence...). Préférez des balades plus courtes, plus nombreuses et à son rythme.

Le chien adulte

Un chien adulte de type moyen doit faire 1 à 2 balades par jour pour une durée moyenne totale d'1 h. Ce temps est donné à titre indicatif, certains chiens pouvant avoir besoin de plus. Si vous habitez en ville et que vous ne pouvez emmener votre chien se détendre tous les jours au parc, profitez de vos week-ends pour l'emmener plus longuement dans des espaces verts. Vous pouvez aussi faire appel à des promeneurs professionnels qui récupèrent votre chien à votre domicile, l'emmènent se balader et vous le ramènent.

DURÉE OU KM ?

Certains se demandent s'il faut privilégier la longueur parcourue ou la durée. L'important est de laisser le chien libre de renifler, de regarder, de s'arrêter, de vivre sa balade, tout simplement. Rien de pire que de l'empêcher de renifler sous prétexte que le temps presse. Mieux vaut dans ce cas prévoir une promenade moins longue, l'idéal étant cependant d'avoir suffisamment de temps pour laisser le chien vivre à sa guise tout en lui proposant une longue balade.

LES LIEUX

Idéalement, il faudrait pouvoir promener son chien sans laisse, dans la campagne, en forêt, au bord de la mer…, ce qui suppose d'avoir un bon rappel (*cf.* p. 16). Il faut également privilégier les endroits éloignés des routes. Si vous ne pouvez pas lâcher votre chien, faites des balades en longe pour qu'il puisse se défouler malgré tout. Mais un chien doit également apprendre la marche en laisse en ville et la marche au pied, ce qui peut s'apprendre à tout âge (*cf.* p. 13).

Cela dit, si vous habitez en ville, il faudra trouver du temps pour emmener votre chien se détendre dans des espaces verts. Certains parcs citadins autorisent la présence des chiens en longe.

Par ailleurs, il est important de **varier les lieux de balades** et de faire découvrir à votre chien de nouveaux endroits. Une courte balade dans un nouvel environnement qu'il peut explorer à sa guise est plus enrichissante que sa grande promenade habituelle.

Ne rentrez pas à la maison dès que votre chien a fait ses besoins au risque qu'il se retienne pour ne pas que la balade s'écourte et qu'il fasse ensuite à la maison !

L'ATTITUDE À ADOPTER

Surtout, ayez **un ton enjoué** pendant la balade pour donner envie à votre chien de faire bien. Évitez les « non » à toutes les sauces dès qu'il met une patte de travers. En d'autres termes, ayez autant envie de vous promener que lui !

Rangez votre portable et **profitez de ce moment :** observez votre chien prendre plaisir à courir, renifler et découvrir l'environnement. Faites de la balade son moment à lui et **laissez-le de temps à autre choisir l'itinéraire.** Il veut tourner à droite, eh bien tournez à droite. Laissez-le profiter en vous taisant ! Eh oui, c'est sympa de faire **une balade silencieuse**. Nul besoin de la parole pour communiquer avec votre chien : votre corps lui indiquera la direction à suivre et votre visage détendu lui montrera que vous appréciez ce moment en sa compagnie. D'ailleurs, la longe est juste une sécurité. Vous pouvez tout à fait utiliser votre corps pour indiquer à votre chien la direction vers laquelle vous souhaitez qu'il vous suive (tête et épaules dans la direction voulue).

Si vous croisez un ou plusieurs congénères sociables, vous pouvez les laisser s'amuser avec votre chien, à condition qu'ils soient tous détachés.

La balade en laisse

Promener le chien sans laisse pour qu'il vive la balade à sa guise et à son rythme, c'est l'idéal mais ce n'est pas toujours possible, notamment en ville. Il est donc important de lui apprendre à marcher en laisse. Il peut aussi être nécessaire de l'attacher rapidement quand il se promène sans laisse.

LE MATÉRIEL

Sans revenir sur l'équipement dont nous avons déjà parlé page 10, ne prenez pas une laisse trop courte. Rien de plus malheureux qu'un chien qui a 10 cm devant lui pour avancer, voire qui passe sa promenade à côté de son humain sans pouvoir renifler à sa guise! Déjà que la balade en ville et en laisse n'est pas l'idéal... Sans compter que plus la laisse sera courte, plus le chien aura tendance à tirer...

LES CONSEILS DE BASE

Si vous voulez que la balade se passe dans les meilleures conditions possible, suivez ces petits conseils d'ami.

À BANNIR

- **Les « coups de sonnette »:** ramener votre chien vers vous en tirant sèchement sur la laisse ne sert strictement à rien. Plus vous tirerez, plus votre chien tirera en retour.
- **Le « non »:** il n'indique pas au chien ce qu'il doit faire. Mieux vaut lui dire ce que vous voulez de lui: « Médor, stop », « Médor, demi-tour », « Médor, au pied ».... Sans compter qu'à force de lui dire « non » à toutes les sauces, le « non » en cas de grave danger ne marchera pas. Trop de non tue le non.

À PRIVILÉGIER

- **La cool attitude:** si vous êtes tendu, votre chien va le sentir, et le sera aussi. Du coup, il sera moins calme face aux humains ou aux congénères qu'il risque de croiser, et aux voitures qui lui passent à côté.
- **La patience:** elle sera très précieuse pour apprendre à votre chien à ne pas tirer et à en croiser un autre sans vouloir lui sauter dessus.

CROISER UN AUTRE CHIEN

Il est préférable d'éviter le nez à nez avec les laisses tendues. Un chien attaché ne peut en effet pas communiquer correctement avec un congénère. Voilà pourquoi certains chiens se montrent très tendus lorsqu'ils en croisent d'autres et qu'ils sont attachés.

- **Si le trottoir est étroit,** traversez car les chiens n'auront pas suffisamment d'espace pour se rencontrer dans de bonnes conditions. Privilégiez les rencontres sans laisse où les chiens peuvent communiquer correctement.

- **Si un chien détaché vient à la rencontre du vôtre qui, lui, est en laisse,** détachez-le si c'est possible : dans le cas contraire, détendez au maximum votre laisse. Plus votre chien aura des contacts réguliers avec des congénères et plus il acceptera facilement de continuer sa route lorsqu'il en croise un et que le contact n'est pas possible. Dans le cas contraire, frustré, il risque de vouloir absolument aller voir le chien et d'avoir beaucoup de mal à vous écouter.

Lorsque vous demandez quelque chose à votre chien, dites son nom puis indiquez-lui votre demande. Exemple : « Médor, viens. » Évitez d'utiliser uniquement son nom sans lui indiquer votre attente.

LES EXERCICES

Voici deux exercices qui vous aideront à apprendre à votre chien à marcher en laisse et au pied, sans tirer comme un fou et tout en appréciant la balade ! Et s'il a pris de mauvaises habitudes, pas de panique : la marche en laisse s'apprend à tout âge !

Au début, faites des séquences d'exercices courtes (5-10 min) afin que votre chien ne sature pas et que cela ne se transforme pas en un moment redouté. Cela doit rester du jeu, ne l'oubliez pas !

LA MARCHE EN LAISSE SANS TIRER

Le but de cet exercice est de faire comprendre à votre chien que s'il tire, la balade cesse ! En revanche, dès qu'il ne tire pas, la balade continue ! Le principe de cet exercice

est de renforcer les bons comportements. Les comportements non désirés sont en revanche ignorés, selon le principe de l'éducation respectueuse.

1. Attachez une laisse d'au moins 1,50 m au harnais de votre chien. (Une longe de 5 m permettra de donner plus ou moins de distance au chien en fonction de la situation.).
2. La laisse détendue, marchez.
3. Quand votre chien marche calmement, félicitez-le (« oui/yes/bien »). Vous pouvez également le récompenser avec les friandises appétentes que vous avez emportées.
4. En revanche, dès qu'il tire, arrêtez-vous immédiatement et systématiquement sans ramener le chien vers vous. Attendez qu'il arrête de tirer.
5. Une fois la laisse détendue, repartez tranquillement, etc.

Changez régulièrement de direction ! Cela rendra votre chien plus attentif !

LA MARCHE AU PIED

Il est très intéressant d'apprendre la marche au pied, utile en ville en laisse en cas de dépassement de voiture par exemple, mais aussi quand le chien n'a pas de laisse. D'ailleurs, cet exercice peut être effectué au début chez vous sans laisse, qui est juste une sécurité ! Une fois que votre chien a compris, vous pouvez attacher une laisse à son harnais.

En revanche, n'abusez pas de la marche au pied. N'oubliez pas que le chien n'a pas le même rythme de marche que vous. Obliger son chien à marcher au pied durant toute une balade n'est pas agréable pour lui.

1. Appelez votre chien.
2. Quand il est à côté de vous, félicitez-le (« oui/yes/bien »). Vous pouvez aussi le récompenser au moyen d'une friandise très appétente que vous avez bien évidemment prise avec vous.
3. Faites un pas en avant et appelez-le : « Médor, viens ! »
4. Dès qu'il est à vos pieds, félicitez-le et récompensez-le.
5. Recommencez l'opération. Au début, récompensez votre chien à chaque pas, puis espacez les récompenses. Attention ! Finissez toujours sur une réussite !

Vous pourrez associer la demande « au pied » à cet apprentissage, en le disant dès que votre chien vient se placer à côté de vous. Vous pouvez également faire cet exercice en utilisant le clicker (*cf.* p. 48).

Commencez l'apprentissage de la marche au pied dans un environnement peu stimulant, où les distractions sont rares, comme votre salon puis votre jardin. Effectuez ensuite l'exercice dans des lieux de plus en plus riches en stimulation.

La balade sans laisse et le rappel

Il est important que la balade en liberté de votre chien se passe dans de bonnes conditions, pour sa sécurité et pour la vôtre. Vous pouvez être amené à rappeler votre chien face à un danger et pour cela, vous devez avoir un bon rappel.

L'ÉQUIPEMENT

Sans revenir sur le matériel dont nous avons déjà parlé page 10, emportez toujours avec vous en balade **une laisse,** même si vous n'avez pas prévu d'attacher votre chien, voire une longe de 20 m, qui vous sera utile si, pour une raison ou une autre, vous devez le laisser attaché un bon moment. En effet, ainsi, il pourra continuer à flâner (presque) à sa guise, et la balade ne sera pas « gâchée » !
Vous pouvez aussi emporter **un sifflet** pour qu'il vous entende s'il est parti loin.
Et n'oubliez pas, pour récompenser le rappel, **les friandises préférées** de votre chien ! En effet, lorsqu'il laissera ce qui l'intéresse pour revenir à votre rappel, il sera content d'être récompensé par sa friandise préférée en plus de vos félicitations. Les récompenses alimentaires données de temps en temps permettent de renforcer l'apprentissage si votre chien est gourmand.

LES CONSEILS DE BASE

Si vous voulez que la balade dans les champs ou en forêt se passe dans les meilleures conditions possible, suivez ces conseils à la lettre.

À BANNIR

- **Ne pas promener votre chien régulièrement :** il sera tellement excité que vous aurez du mal à le rappeler en cas de danger ou à le garder à vos côtés. Le risque sera alors grand qu'il parte au galop courir derrière le premier lièvre qui passe et que vous mettiez un bon moment à le retrouver.
- **Le « non » dès que votre chien va trop loin :** comme nous l'avons vu précédemment, il n'indique pas au chien ce qu'il doit faire.
- **L'air sévère** dont nous avons déjà parlé, genre « je te laisse libre mais gare à toi si tu mets une patte de travers ! ». Ça part mal ! N'oubliez pas que la balade doit être un bon moment pour lui comme pour vous !
- **Rappeler votre chien quand il est en train de renifler.** À ce moment-là, il ne vous entend pas. Attendez qu'il relève la tête pour le faire.
- **Rappeler votre chien toutes les 5 min.** Il va finir par se lasser et la fois où cela sera vraiment important, il risque de ne pas revenir.

À PRIVILÉGIER

- **La bonne entente avec votre chien.** Cela a l'air bête à dire mais, pour que votre chien ait envie de revenir vers vous quand vous le rappelez, mieux vaut que vous ayez une chouette relation basée sur la confiance et l'éducation respectueuse.

- **La cool-attitude**. Nous en avons déjà parlé : si vous êtes tendu, votre chien va le sentir.
- **La bonne intonation.** Si vous le rappelez d'un ton angoissé ou ferme, même si c'est parce que vous avez peur, vous aurez moins de chance qu'il rapplique. Optez dans toutes circonstances pour un ton enjoué qui lui donnera envie de revenir vers vous.
- **La bonne posture.** On ne rappelle pas son chien n'importe comment !

  S'il est loin, agitez les bras et bougez. En effet, les chiens sont attirés par le mouvement (c'est aussi une des raisons pour lesquelles ils ont tendance à courir derrière les cyclistes et les joggers).

  Ne restez pas planté en hurlant « Médor, viens ! ». Accroupissez-vous et tapotez vos cuisses. Cette position invitante donnera envie à votre chien de revenir plus vite.

  Ne courez pas dans sa direction au risque qu'il se dise : « C'est bon, il/elle me suit, je continue. »

Les chiots suivent naturellement leur humain. Voilà pourquoi, dès qu'un chiot arrive à la maison, il faut le sortir et le lâcher. Cela permettra qu'il continue à vous suivre naturellement.

LE CODE DE BONNE CONDUITE ENTRE CHIENS

Si vous croisez un chien attaché et que le vôtre est lâché, rappelez-le pour qu'il n'aille pas au contact du chien en laisse. C'est de la politesse. De plus, laisser un chien libre aller au contact d'un chien attaché est très inconfortable pour ce dernier, et risqué. Si ce chien est attaché, c'est qu'il y a une raison. Et ce n'est pas parce que le vôtre est gentil que vous devez le laisser aller importuner un chien qui ne peut pas communiquer correctement parce qu'il n'est pas libre de ses mouvements. Certains chiens ont vécu de mauvaises expériences et restent sensibles lors des rencontres.

LE RUBAN OU LA LAISSE JAUNE

Si vous apercevez un chien avec une laisse jaune, un ruban jaune ou encore un dossard spécifiant qu'il ne faut pas l'approcher/le toucher, ne passez pas trop près de lui avec votre chien. Ce chien a besoin d'espace pour une raison ou une autre (maladie...), merci de le respecter !

LES EXERCICES

Voici un exercice qui vous aidera à apprendre à votre chien à revenir. **Attention !** Dès que le rappel est moins bon, retour à l'exercice, l'idéal étant de le faire de temps en temps.

À LA MAISON

Vous serez peut-être surpris de voir que cet exercice de rappel commence à la maison, dans le salon par exemple ! Avant de travailler dans le jardin, il faut le faire dans un lieu pauvre en stimulations, où les distances sont petites.

1. Placez-vous à l'autre bout de la pièce et appelez votre chien.
2. Dès qu'il est à côté de vous, félicitez-le (« oui/yes/bien »). Vous pouvez le récompenser avec une friandise.
3. Recommencez. Vous pouvez éventuellement vous cacher avant de l'appeler.

DANS LE JARDIN OU LE PARC

Une fois que le rappel à la maison est acquis, direction le jardin. Si votre jardin est grand et que votre chien n'en fait qu'à sa tête, passez-lui une longe et laissez-la lâche.

1. Placez-vous à l'autre bout de la longe ou dans un coin du jardin si votre chien n'est pas en laisse et appelez-le.
2. Dès qu'il est à côté de vous, félicitez-le et récompensez-le avec un compliment, une friandise ou une caresse.
3. Recommencez.

Le rappel.

À L'EXTÉRIEUR

À présent, passez à l'extérieur, mais commencez par un lieu sans circulation. Et, au début, utilisez une longe de 10 m ou plus. Attachez-la au harnais et non au collier car si le chien tire de manière inopinée et forte, il pourrait se blesser au niveau du cou.

1. Laissez votre chien s'éloigner.
2. Avant que la longe ne soit complètement tendue, appelez-le.
3. Dès qu'il est revenu, félicitez-le (« oui/yes/bien ») et récompensez-le.
4. Recommencez.
5. Quand le rappel s'améliore, laissez traîner la longe au sol par sécurité et continuez l'exercice.
6. Enfin refaites l'exercice sans la longe.

Continuez en allant progressivement dans des lieux de plus en plus stimulants (avec rencontre de chiens et de personnes possibles). De temps en temps, vous pouvez vous cacher derrière un arbre. Cela poussera votre chien à contrôler régulièrement votre présence. Félicitez-le toujours quand il vous retrouve.

- Ne grondez jamais votre chien s'il revient longtemps après votre appel. *Il faut toujours le féliciter lorsqu'il revient ! Si vous le grondez, la prochaine fois, il hésitera à revenir...*

- N'agitez pas les friandises de loin *pour faire revenir votre chien. Donnez-les-lui quand il revient. L'utilisation de la friandise est « la cerise sur le gâteau ». Elle ne doit en aucun cas remplacer un bon relationnel au quotidien et la bonne compréhension de son chien nécessaire à l'écoute, la confiance et le respect de votre animal.*

- Ne faites pas qu'un rappel en fin de balade *avant d'attacher votre chien, car il va comprendre que le rappel signifie la fin de la promenade et il ne reviendra plus quand vous l'appellerez. Faites plusieurs faux rappels en le laissant repartir, sans en abuser cependant !*

Les activités à l'extérieur

Nous sommes de plus en plus nombreux à apprécier les activités en extérieur avec notre chien. Si la cani-randonnée et l'agility sont désormais connues, certaines activités le sont moins : cani-paddle, dog dancing ou chien de troupeau. Ces pratiques doivent être exercées avec certaines précautions.

LES CONSEILS DE BASE

- **Faites manger votre chien plus de 2 h avant le début de l'activité, et en petites quantités.** Cette précaution permet d'éviter le syndrome de la dilatation-torsion d'estomac qui peut survenir après un effort physique suite à la prise de nourriture, d'une quantité de liquide importante ou d'air (causé par une respiration haletante). Si certaines grandes races sont plus touchées par ce syndrome mortel, cela peut arriver à tous les chiens.
- **Après l'activité, attendez que votre chien soit posé et calme avant de lui proposer son repas.** Donnez-lui de préférence plusieurs repas en petites quantités.
- **Ne commencez généralement pas avant que votre chiot n'ait un an** (voire plus pour certaines races géantes). Le chien doit être adulte pour randonner sur de longues distances et avoir 18 mois pour faire de l'agility par exemple.
- **Vérifiez que votre chien est en bonne condition physique** pour pratiquer cette activité. Parlez-en à votre vétérinaire.
- **« Qui veut voyager loin ménage sa monture. »** Une activité ne doit être pratiquée ni trop vite, ni trop longtemps si vous ne voulez pas que votre chien en fasse les frais.

LA CANI-RANDONNÉE

La cani-randonnée consiste à partir en randonnée pédestre avec son chien, seul ou en groupe. Cette activité où le chien, attaché à son humain, marche en tête, peut être pratiquée en toute saison. Lors de fortes chaleurs, optez pour des randonnées en forêt, évitez le bitume et le béton pour protéger les coussinets de votre chien et proposez-lui à boire régulièrement. Et si, sur le parcours, il a la possibilité de se baigner, c'est encore mieux !

L'ÉQUIPEMENT

Le chien ne doit pas être relié n'importe comment à son humain, sous peine de douleurs dorsales ou musculaires, voire de lésions.

- **Un harnais spécifique** lui permettant d'être à l'aise pour respirer et tracter doit lui être passé. Il est différent du harnais de marche ; c'est un harnais de traction avec l'attache en bas du dos juste avant la queue.

- L'humain, lui, passe autour de sa taille **une ceinture ou un baudrier**. Le baudrier serait moins dangereux pour le dos car il ne bouge pas.
- Le chien est attaché par **une ligne de trait avec amortisseur**. Il s'agit d'une sorte de longe extensible.
- Et bien sûr, il faut de **l'eau** en quantité suffisante pour votre chien et pour vous !

LE DÉROULEMENT

La distance :

- Adaptez la distance aux aptitudes naturelles de votre chien.
- Commencez par des petites randonnées faciles avec peu de dénivelés.

La durée et la fréquence :

- Choisissez la durée en fonction de vos capacités physiques et de celles de votre chien. Progressivement, si ce dernier est à l'aise, vous pourrez rallonger les parcours et faire des randonnées plus difficiles.
- Adaptez la fréquence des randonnées en fonction de votre chien. Au début, laissez-lui quelques jours de repos entre chaque randonnée.

La préparation :

- Favorisez un parcours à l'ombre en cas de fortes chaleurs et repérez les points d'eau sur le parcours.
- Emportez une trousse de secours pour votre chien et une pour vous.

La randonnée :

- N'en demandez pas trop à votre chien et ne lui parlez pas tout le temps afin qu'il profite également de la randonnée.
- Proposez-lui à boire régulièrement.
- Faites des pauses si besoin.
- N'hésitez pas à vous faire accompagner par un professionnel pour débuter dans de bonnes conditions.

Après la randonnée :

- Vérifiez que votre chien n'a pas attrapé de tiques ou d'épillets.
- Vous pouvez également lui faire un massage relaxant qui le récompensera de ses efforts et remettra son corps en état.

LES AUTRES CANI...

LE CANI-CROSS

Généralement, le cani-cross est une course organisée par une association, même si on peut le pratiquer seul avec son chien. Pour plus d'informations sur les activités pratiquées en groupe, reportez-vous à la page 32.

LE CANI-VTT

Lors du cani-VTT, l'humain fait du vélo pendant que son chien court devant. Les deux sont reliés au moyen d'un harnais de traction passé au chien auquel on attache une laisse amortisseuse (important). Le vélo est équipé d'une barre VTT à laquelle on relie la laisse pour ne pas qu'elle se prenne dans la roue avant. Le chien est guidé uniquement à la voix. Ce sport convient mieux aux chiens de taille moyenne ou de grande taille. **Le port du casque et des gants sont obligatoires pour l'humain**.

LE CANI-PADDLE

Le stand up paddle est un sport de glisse aquatique où l'on se tient debout sur une planche (un peu plus grande qu'une planche de surf) se propulsant à l'aide d'une pagaie. Le cani-paddle, c'est la version avec son chien ! Cette activité a lieu sur un lac, un étang ou en mer. Bien évidemment, le chien doit aimer l'eau. Vous pouvez vous initier à cette activité en séance individuelle ou lors de stages collectifs (dans ce cas, le chien doit être à l'aise avec les autres humains et les autres chiens). Dans tous les cas, adaptez la séance à l'âge et à la condition physique du chien. Une approche respectueuse et bienveillante pour l'apprentissage du chien est obligatoire.

L'AGILITY

L'agility (« agilité » en anglais) est un jeu très populaire auprès des propriétaires de chien. C'est un exercice d'adresse qui consiste à faire passer des obstacles (tunnel, balançoire, passerelle, palissade, haies, table, slalom…) au chien en liberté sous la conduite vocale de son humain. Il peut être pratiqué en loisirs ou en compétition. Dans ce dernier cas, les chiens sont classés en catégories selon leur taille et la vitesse peut compter en cas d'égalité, même si l'adresse joue avant tout.

Cette activité est souvent proposée dans les clubs après une année d'acquisition des bases éducatives. Cependant, **elle nécessite quelques précautions d'usage :**

- Même si tous les chiens peuvent à priori pratiquer l'agility, tous les chiens ne l'aiment pas. Respectez ses goûts et ses dégoûts !
- Attention ! L'agility sollicite énormément les articulations. Des séances trop fréquentes sont néfastes pour la bonne santé de votre chien.
- Assurez-vous que votre chien s'entend bien avec les autres si l'activité est pratiquée en club et lisez bien les signaux d'apaisement qu'il envoie (*cf.* p. 66).
- Sachez qu'il est très courant, sur les terrains d'agility, de voir des chiens très excités monter en pression. Aussi, afin d'être sûr que cette activité convienne au vôtre, déplacez-vous sans l'emmener pour observer une séance. Vous pouvez aussi prendre conseil auprès d'un professionnel respectueux du bien-être physique et psychique du chien.

Les propriétaires de chiens vifs ont tendance à leur proposer des activités excitantes pour les faire se dépenser (agility, jeux de lancer répétitifs…), ce qui va renforcer leur excitation, alors qu'il serait plus enrichissant de favoriser des activités renforçant le calme et la réflexion.

Pendant longtemps, les propriétaires de chiens souhaitant faire une activité avec leur chien se tournaient vers l'agility car il n'y en avait pas beaucoup d'autres facilement accessibles à tous. Ce n'est plus le cas aujourd'hui. N'hésitez donc pas à regarder ce qui se fait près de chez vous. Votre chien peut se dépenser lors d'activités associant le physique et le mental comme le mantrailing (*cf.* p. 58).

LE CHIEN DE TROUPEAU

Depuis quelques années, certains chiens comme les bergers australiens ou les border collie charment le public par leur jolie robe et leur tempérament vif. Le problème, c'est qu'il est courant de voir leurs humains confrontés à des comportements gênants (destructions, fugue…). Pour éviter ces troubles du comportement et répondre au besoin d'activité physique et mentale de ces chiens, de plus en

plus de professionnels proposent l'activité de « chien de troupeau » où l'on apprend au chien à rassembler les moutons et à les amener d'un point à un autre en les faisant passer par des endroits précis. Cette activité peut se pratiquer en loisirs (stage ou cours hebdomadaire) ou en compétition. Elle demande des bases d'éducation et permet de renforcer la complicité chien-humain.
Si certains chiens sont prédisposés à cette pratique, comme les chiens de berger, qu'ils y trouvent défoulement et réponse à un besoin génétique, d'autres ne le sont pas. Vérifiez que cette activité est adaptée au vôtre.
Par ailleurs, si vous souhaitez faire du chien de troupeau et qu'il n'y a pas de professionnel respectueux et bienveillant proposant cette activité près de chez vous, vous pouvez faire du treibball, qui consiste à pousser des ballons (8 en compétition) et à les faire passer entre des poteaux.

LE DOG DANCING

Autrefois appelé « obéissance rythmée », le dog dancing est un sport canin où l'humain fait exécuter au chien des mouvements libres ou imposés sur fond musical. Discipline relativement récente, le dog dancing se pratique en compétition ou en loisirs. Il nécessite de l'obéissance, mais aussi de la créativité, le sens du rythme et la capacité à lier les différents mouvements appelés « tricks » (sauts, slalom, faire le beau, recul…) pour qu'on ait l'impression de n'en voir qu'un. Cette activité est en plein essor, mais enseigner la chorégraphie au chien demande beaucoup de patience et de travail.
Pratiquée avec une approche respectueuse, cette activité renforcera l'attention de votre chien sur vous.

La gym de salon

Il ne fait pas beau et vous ne savez pas comment occuper votre chien, qui s'ennuie à la maison ? Et si vous lui faisiez faire un parcours ludique dans votre salon ? La gym de salon est un moyen très simple de faire faire des exercices à son chien en se servant du mobilier du quotidien, et sans rien casser !

GÉNÉRALITÉS

LES BIENFAITS

Activité très utile par temps de pluie, la gym de salon renforce la solidité du binôme puisqu'elle se pratique à deux. En outre, cette pratique allie dépense physique et adresse. Par ailleurs, elle fatigue intelligemment le chien en lui proposant de nouveaux exercices. Il doit en effet comprendre nos attentes et nos règles du jeu.

De plus, certains exercices (comme l'échelle au sol) permettent au chien d'avoir une meilleure prise de conscience de son corps quand d'autres, en l'obligeant à faire preuve de courage (*cf.* parcours 2), favorisent sa confiance en lui.

LES CONTRE-INDICATIONS

Pour le chien :

- s'il est âgé, évitez de lui demander de passer sous une barre trop basse par exemple ;
- s'il est tout petit, ne le faites pas sauter.

Dans tous les cas, adaptez le parcours à ses capacités.

Pour votre intérieur : n'oubliez pas de ranger les objets qui peuvent être cassés !

LE MATÉRIEL

Votre mobilier constitue un excellent parcours ludique. Ainsi, la table basse peut servir à apprendre à votre chien à être en hauteur, ce qui, au passage, l'habitue à celle du vétérinaire... En plaçant deux chaises face à face, vous formerez un tunnel où il pourra passer. Quant au manche à balai, une fois posé sur deux chaises ou deux cartons, il deviendra une super-haie pour faire sauter votre chien par-dessus ou le faire passer en dessous. Et ce ne sont que quelques exemples !

LES EXERCICES

Voici deux petits parcours ludiques d'intérieur sans risque.

PARCOURS 1

Matériel : un petit tapis ; une table ; un tapis de gym que l'on va sangler de manière à former un tunnel ; trois plantes à disposer en ligne droite, espacées d'environ 1 m ; une échelle posée à plat au sol.

Déroulement :

1. Demandez à votre chien de s'asseoir sur le tapis.
2. Proposez-lui de ramper sous la table.
3. Ensuite, il devra passer dans le tunnel formé par le tapis de gym, et, une fois ressorti, slalomer entre les plantes.
4. Le parcours se termine par la traversée de l'échelle. L'échelle est posée au sol. Le chien doit marcher dessus. Pour cela, on le guide avec la main, on l'encourage et on le récompense.

***Pour aider le chien à passer sous ou sur les obstacles,** vous pouvez le guider avec votre main pour qu'il la suive en l'encourageant verbalement et en prenant le temps qu'il faut. Lorsque c'est possible, faites l'exercice devant lui pour lui montrer qu'il n'a rien à craindre. Vous pouvez également lancer des friandises là où vous souhaitez qu'il aille.*

***Récompensez régulièrement** votre chien afin qu'il prenne confiance en lui. Encouragez-le et félicitez-le.*

***Ne le forcez jamais.** Le chien doit prendre du plaisir lors de cette activité.*

PARCOURS 2

Matériel : de grandes feuilles de papier journal ou du papier cadeau que vous scotcherez sur l'encadrement d'une porte ouverte ; un marchepied pour bébé ou un step ; une couverture ou une serviette-éponge/torchon sous laquelle vous cacherez une des friandises préférées de votre chien ; un carton (suffisamment grand pour qu'il y entre).

Déroulement :

1. Pour commencer, demandez à votre chien de slalomer entre vos jambes. Pour cela, placez-le à votre gauche, avancez votre jambe droite d'un pas et guidez-le avec votre main pour qu'il passe entre vos deux jambes. Une fois qu'il est passé, avancez votre jambe gauche et guidez votre chien avec votre main pour qu'il passe à

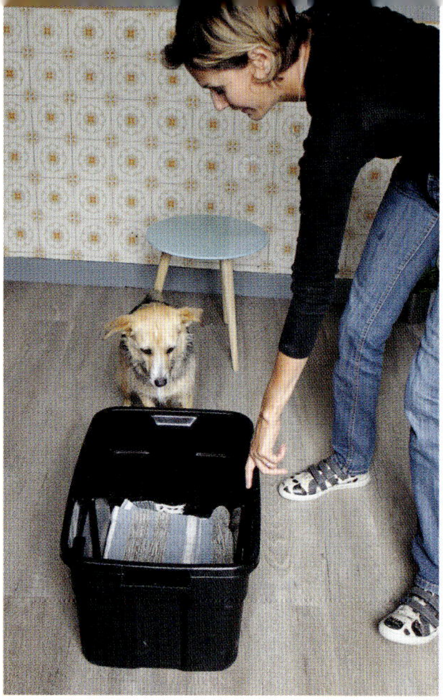

nouveau entre vos jambes, et ainsi de suite sur 3-4 pas. Encouragez-le et félicitez-le à chaque pas.

2. Puis, dirigez-vous vers la porte ouverte où vous avez scotché le papier. Le but du jeu est que le chien passe au travers du papier, ce qui demande du courage. Placez une hauteur suffisante de papier pour éviter qu'il ne saute par-dessus. (S'il saute, ce n'est pas grave : c'est juste un autre exercice.) Surtout, encouragez-le !
3. Vous voici arrivé au marchepied. Là, vous avez deux possibilités : soit vous demandez à votre chien de poser ses deux pattes de devant sur l'objet ; soit, ce qui est plus compliqué, vous lui demandez de placer uniquement ses deux pattes arrière sur le marchepied. Encouragez-le. Surtout, pas de « non » en cas d'erreur.
4. Étape suivante : la friandise sous la serviette. Laissez votre chien trouver la solution pour récupérer la friandise. Félicitez-le une fois qu'il l'a récupérée.
5. Pour terminer, demandez à votre chien d'entrer dans le carton. Encouragez-le s'il hésite et félicitez-le une fois qu'il est dedans !

Afin que votre chien ne s'excite pas, faites le parcours dans le calme sans jamais le gronder même s'il n'y arrive pas.
N'oubliez pas d'encourager et de féliciter votre chien à chaque étape.

Voilà des parcours ludiques qui vous permettent de jouer avec votre chien même par mauvais temps et qui renforceront votre complicité. Vous pouvez également par temps de pluie occuper votre chien avec des jeux cognitifs (*cf.* « Les jeux cognitifs », p. 42).

Les jouets de base

Pour découvrir son environnement, le chiot qui arrive à la maison va à un moment ou un autre chercher à utiliser sa mâchoire. Pour éviter que vos affaires n'en fasse les frais, il faut lui donner des jouets. Plus tard, il en aura aussi besoin pour passer le temps. Proposez-lui différents types de jouets : certains chiens aiment mordiller, d'autres déchiqueter, ronger du dur, d'autres préféreront des jouets à secouer ou des jouets sonores…

LES CONSEILS DE BASE

- Plutôt que de donner à votre chien des peluches ou des jouets d'enfants, **achetez-lui des balles, des peluches et des jouets pour chien** censés être fabriqués dans des matières non toxiques pour lui.
- Les chiens n'aimant pas forcément les mêmes jouets, le mieux est de les proposer à votre chien et de voir comment il réagit, s'il aime ou si cela ne l'intéresse pas, quitte à lui re-proposer ultérieurement.
- Si votre chien a un panier ou un coffre à jouets, **pensez à ressortir régulièrement des jouets pour varier les plaisirs.** Faites des roulements réguliers. Votre chien sera ravi de retrouver une vieille peluche oubliée !
- **Ne laissez pas vos enfants faire « du corps à corps » avec votre chien.** Ce dernier doit apprendre que l'on ne communique pas ainsi avec les humains. S'il vous mordille les mains, stoppez net l'interaction en l'ignorant. Vous pouvez le rediriger vers un jouet.

LES PELUCHES

Certains chiens aiment les peluches. Ils les secouent dans tous les sens, les tètent, s'en servent de repose-tête ou éprouvent un malin plaisir à les ouvrir pour en retirer le contenu… d'où l'importance d'être certain que votre chien ne va pas ingérer des bouts de la peluche ou la peluche en entier. Elle doit avoir une taille suffisante pour que votre chien ne puisse pas l'avaler. De plus, si vous lui offrez une peluche pour la première fois, soyez vigilant et regardez ce qu'il en fait.

LES JOUETS SONORES

Les magasins de jouets pour chiens proposent un large choix de jouets sonores (doudou qui couine, balles avec grelots…).

- Attention à bien choisir un jouet dont la taille est adaptée à la gueule de votre chien pour éviter qu'il avale le jouet.

- Attention également à ne pas en abuser car ce type de jouets peut exciter énormément certains chiens. Si c'est le cas, évitez d'en proposer, nul besoin de renforcer son excitation.
- D'autre part, ces jouets peuvent à la longue énerver les humains qui subissent leurs couinements...

LES JEUX DE BALLE

Les jeux de balle (ballon, bâton, frisbee...) sont très prisés, les humains pensant que c'est le jeu idéal pour jouer avec leur chien dans le jardin ou en balade. Du coup, ils leur lancent la balle dix fois de suite dans l'espoir de le fatiguer physiquement. En fait, lorsque vous jouez à la balle (ou à tout autre objet lancé), vous renforcez le comportement de prédation du chien consistant à courir derrière une proie pour l'attraper. Êtes-vous vraiment certain de vouloir l'entraîner à courir de plus en plus vite derrière tout ce qui bouge? En renforçant ce comportement, vous prenez en outre le risque que votre chien, en balade, se mette à courir derrière les oiseaux, les vélos, les joggeurs... Sans compter que certains chiens deviennent tellement dépendants de la baballe qu'ils ne profitent même plus de leur balade ou des contacts avec les congénères. Ils n'attendent qu'une chose : qu'on leur lance la balle. Alors si votre chien veut jouer à la balle (tous n'aiment pas), qu'il le fasse tout seul. Nul besoin de la lui lancer. Si vous voulez vraiment jouer à la balle avec lui, cachez la balle et laissez-le la trouver !

LES JOUETS EN CORDE

✖ *Attention à ne pas abuser du jeu « tire-tire », surtout avec le chiot, pour ne pas fragiliser sa mâchoire. Si vous souhaitez absolument jouer ainsi avec votre chien, ne le faites que s'il connaît bien le « lâche » (voir ci-dessous). Ce n'est qu'ainsi que vous pouvez gérer le jeu et éviter qu'il ne s'excite trop.*

Les jouets en corde (en fils de coton noués) sont très appréciés des chiens qui exercent leur mâchoire dessus. Ils répondent en effet bien au besoin de mastiquer et de déchiqueter du chien qui va prendre plaisir à les secouer et à tirer sur les fils. De plus, ils permettent de travailler le « lâche ».

LE « LÂCHE »

- *Lorsque votre chien a le jouet en gueule, dites-lui « lâche » et récompensez-le d'une caresse ou d'une friandise dès qu'il le lâche.*
- *Les premières fois, s'il ne lâche pas, approchez de sa truffe une friandise. Dès qu'il lâche le jouet pour attraper la friandise, dites « lâche » et donnez-lui la friandise.*
- *Recommencez 2-3 fois l'exercice puis donnez-lui la récompense uniquement lorsqu'il lâche.*
- *Généralisez l'apprentissage avec d'autres objets.*

LES BÂTONS

Comme on l'a déjà vu, le « lancer de bâton » fait partie des jeux qui renforcent le comportement de poursuite du chien. De plus, lancer un bâton à un chien peut lui occasionner de graves blessures: quand il attrape le bâton au vol, ce dernier peut se planter dans sa gueule, sa gorge ou son poitrail. Il faut être prudent. Cela dit, si votre chien grignote des bâtons dans le jardin ou attaque les bûches de bois de la maison parce qu'il a besoin d'exercer sa mâchoire sur du dur, vous pouvez le laisser faire sous réserve que:

- il ne s'agisse pas d'un bois dangereux (toxique comme l'écorce du bouleau ou formant des échardes);
- cela ne lui irrite pas la gorge et n'engendre pas des troubles digestifs.

Vous pouvez aussi lui donner des bois de cerf qui répondent à ce besoin.

LES JOUETS FAITS MAISON

LE TUG

C'est un scoubidou en tissu. Vous trouverez sur internet des tutoriels pour le fabriquer à partir de morceaux de tissu.

Vous pouvez glisser des friandises dans les creux formés par le tissage afin d'occuper votre chien d'une manière toute simple.

LE JOUET EN JEAN

Ne jetez plus vos vieux jeans! Récupérez-les et faites un ou plusieurs nœuds pour les transformer en jouets résistants!

Comme on vient de le voir, il convient de prendre certaines précautions avec les jouets de base les plus connus. Mais nul besoin d'investir beaucoup d'argent pour occuper son chien sans danger!

Les activités masticatoires

Déchiqueter, ronger, mâcher est un plaisir pour le chien mais aussi un besoin. Un chien devrait en moyenne mastiquer 1 h par jour. L'industrialisation de l'alimentation pour chien ne permet plus de répondre à ce besoin, il faut donc lui proposer des os à ronger, des friandises à mâcher ou des jouets en corde à mâchouiller, tout en prenant certaines précautions.

LES BIENFAITS DE LA MASTICATION

- Elle entretient **l'hygiène bucco-dentaire**. Le fait de croquer et de ronger limite en effet la formation du tartre sur les dents.
- Elle **aide le chiot** lorsqu'il fait ses dents.
- C'est une dépense qui apporte de la **bonne fatigue**.
- Elle permet **d'apaiser le chien**. En effet, la mastication libère de la sérotonine (neurotransmetteur qui a un effet sur l'humeur et l'anxiété). Certains troubles du comportement sont d'ailleurs liés à un manque de sérotonine.

LES OS

Certains chiens enterrent les os pour aller les récupérer plus tard. C'est un instinct naturel que le chien a gardé de l'époque où il devait chasser pour manger : il enterrait le « surplus » pour en profiter plus tard et faire ainsi face aux périodes plus rudes où la chasse était moins bonne.

LES OS CHARNUS

Il s'agit d'os enrobés de viande. Vous pouvez donner un cou de poulet ou de dinde en fonction de la taille de votre chien.

✖ *Donnez **l'os cru** ! En effet, la cuisson fragilise les os qui deviennent alors très dangereux pour le chien. Les os interdits sont les os cuits ou non charnus. Les chiens n'ayant pas l'habitude de manger du cru peuvent avoir des **troubles digestifs**. Dans ce cas, préférez les os à ronger du commerce.*

LES OS À MOELLE

Os issu du fémur, il s'agit d'un os cru très dur avec de la moelle à l'intérieur dont les chiens raffolent. Au début, tant qu'il y a de la moelle à l'intérieur, il ne faut pas le lui laisser en permanence car le chien risque de vouloir tout ingérer en une seule fois et de se rendre malade. Votre chien doit le ronger et non le croquer pour éviter toute fracture dentaire. Si le chien ne s'arrête pas ou s'il défend son os et ne veut pas le rendre, emmenez-le en balade (et retirez l'os en dehors de sa présence) ou troquez une super-friandise contre l'os...

Attention : ***le creux laissé par la moelle,*** *une fois qu'elle aura été mangée, ne doit pas permettre au chien d'y rentrer sa mâchoire inférieure. Elle pourrait rester coincée.*
Soyez toujours présent *lorsque vous donnez un os à votre chien afin de le surveiller. En revanche, ne soyez pas juste à côté de lui car cela peut le mettre mal à l'aise : il pourrait avoir peur que vous lui repreniez cette ressource à haute valeur. Pendant qu'il ronge son os,* ***que personne ne l'embête !***
Surveillez les selles de votre chien : *s'il a la diarrhée, c'est que cela ne lui convient pas ; si les selles sont blanches ou s'il est constipé, réduisez la quantité d'os donnée.*

LES OS EN CAOUTCHOUC

Il existe des jouets en caoutchouc non toxiques et très résistants. Leur surface est recouverte de picots pour favoriser le massage des gencives et limiter l'apparition du tartre. Certains présentent même des fentes où l'on peut insérer des friandises pour que le chien mastique. D'autres sont parfumés (bœuf, porc...). L'avantage de ces os en caoutchouc, c'est que leur durée de vie est plus importante que celle des os naturels ou des friandises à mâcher. Le problème, c'est que certains chiens n'en sont pas très fans. À vous de tester avec le vôtre !

LES FRIANDISES À MÂCHER

Testez plusieurs friandises pour connaître les préférences de votre chien et variez-en régulièrement pour lui faire plaisir.

LES OS EN PEAU DE BUFFLE

Ils sont en vente partout : jardinerie, supermarché... Beaucoup de ces os utilisant de la peau de buffle traitée avec des produits chimiques, choisissez des marques qui garantissent des os en peaux non traitées.

LES OREILLES DE PORC OU DE BŒUF

Très appréciées du chien, ce sont des friandises saines, naturelles et pauvres en graisse. Vous en trouverez en magasins spécialisés.

LES TENDONS DE BŒUF

Friandises naturelles très appréciées du chien, ils répondent très bien à son besoin de mastication.

ET AUSSI...

LES JOUETS EN BOIS DE CERF

Vous pouvez acheter des bois de cerf qui permettent au chien de ronger. Certaines marques garantissent des bois recueillis en forêt tombés de manière naturelle après le rut des cerfs. Le jouet est donc 100 % naturel.

LES CORDES À MÂCHOUILLER

Voir « Les jouets de base », page 27.

Pour éviter tout risque d'occlusion, donnez des os ou des jouets dont la taille est adaptée au chien. Donnez des jouets de textures et de formes différentes au chiot afin de stimuler ses sens. Les propriétaires qui nourrissent leur chien au « BARF » répondent à ce besoin car il y a des os charnus dans la ration quotidienne (cf. p. 70).

Les activités en groupe

Pratiquer une activité en groupe avec son chien permet de le rendre plus sociable. Cani-cross, balades en groupes, cours collectifs, parcs à chien... Les possibilités sont nombreuses, même en ville. Mais ces rencontres avec des congénères et leurs humains, souvent inconnus, nécessitent de prendre certaines précautions.

LA SOCIALISATION

UN BESOIN

La socialisation du chiot commence à ses 3 semaines et dure jusqu'à ses 12 semaines, où il va développer sa capacité à vivre en groupe et donc à bien communiquer. Ce travail commence à l'élevage et doit être poursuivi par le nouveau propriétaire qui l'adopte. Pour cela, faites côtoyer à Junior d'autres chiens régulièrement, mais pas n'importe lesquels. Mieux vaut lui faire rencontrer des chiens adultes équilibrés qu'uniquement des chiots. Junior doit également découvrir de nouveaux environnements et de nouveaux humains de manière progressive, adaptée et régulière pour favoriser de bons apprentissages. Pour cela, laissez-lui du temps, adaptez-vous à son tempérament et encouragez-le. Par la suite, il est important de continuer à favoriser la découverte de nouveaux environnements et le contact avec d'autres personnes et d'autres congénères.

PRÉCAUTIONS POUR TOUTES LES ACTIVITÉS EN GROUPE

Si votre chien n'a pas côtoyé régulièrement des chiens inconnus ou s'il a vécu un traumatisme, il se peut qu'il ait développé une certaine « réactivité » vis-à-vis de ses congénères. Cela peut se traduire par une attitude de malaise — par exemple, envoyer des signaux d'apaisement (*cf.* p. 66) —, la fuite à la vue du congénère, des aboiements, des agressions physiques... Si c'est le cas, faites appel à un professionnel du comportement canin. Surtout, n'immergez pas un « chien réactif/craintif » dans un groupe de chiens sans un encadrement professionnel et un travail préalable. Cela n'aiderait pas votre chien, bien au contraire... Seul un travail adapté et respectueux, sans aucune violence, pourra le faire.
Dans le même ordre d'idées, lors des activités collectives ou lorsque votre chien en croise d'autres, observez toujours ce qui se passe afin d'être certain que ces activités sont bénéfiques pour votre compagnon. Évitez notamment de lui imposer le contact avec un chien insistant qui n'écoute pas ses remises en place. Dans ce cas, demandez à son propriétaire de le rappeler ou partez pour extraire votre chien de cette situation inconfortable.

LES ACTIVITÉS ENCADRÉES PAR UN PROFESSIONNEL

LES COURS COLLECTIFS

De nombreux professionnels donnent des cours collectifs sur terrain. Il s'agit généralement de cours d'une heure où les chiens et leurs humains enchaînent divers exercices éducatifs à tour de rôle ou en même temps. En fonction du tempérament des chiens présents, de petites pauses ou des promenades en fin de cours, les chiens lâchés, sont possibles.

Les avantages

Ce type de cours permet de **renforcer les apprentissages** tels que la marche en laisse, le « assis », le « couché », le « pas bouger »... en présence d'inconnus et de congénères. Certains professionnels suggèrent même durant le cours de faire faire au chien un parcours ludique avec son humain afin qu'il prenne confiance en lui et que la complicité du binôme se renforce.

Les inconvénients

- **Si vous ne refaites pas les exercices en dehors du terrain dans diverses situations,** votre chien ne va pas assimiler complètement les apprentissages, ce qui signifie qu'il pourra très bien vous écouter uniquement sur le terrain. Voilà pourquoi certains professionnels proposent des cours collectifs en ville pour travailler les apprentissages en milieu réel.
- En cours collectifs, le professionnel ne peut pas s'adapter à chaque binôme. De plus, s'il ne vous connaît pas suffisamment, il ne pourra pas vous conseiller correctement. **Mieux vaut donc commencer par des séances individuelles avant de participer à des sessions collectives.** Sans compter que votre chien risque d'être en échec si les apprentissages n'ont pas été effectués au préalable dans un milieu où il est plus attentif.

LES BALADES ÉDUCATIVES

Tout comme les cours collectifs, les balades éducatives sont organisées par des professionnels. Il s'agit de partir en promenade avec son chien avec d'autres humains et leur chien, sous l'encadrement d'un professionnel. Lors de ces balades, les chiens sont en longe ou lâchés s'ils s'entendent bien et communiquent correctement. Ces promenades ont lieu en forêt ou dans des grands parcs. Durant la balade, le professionnel fait faire des exercices éducatifs et commente au besoin les interactions canines afin de vous aider à mieux comprendre les codes de communication.

LES ACTIVITÉS NON ENCADRÉES PAR UN PROFESSIONNEL

LES BALADES EN GROUPE

Les promenades en groupe sont à la mode. Sur Facebook, on trouve des groupes par département qui en organisent. Les inscrits mettent un jour, un lieu et un horaire et vient qui veut avec son chien. Cela permet aux chiens de se rencontrer. Le problème, c'est justement le « vient qui veut » : pensez-vous vraiment que votre chien s'entendra avec tout le monde ? Alors, si vous voulez faire une balade en groupe, assurez-vous au minimum qu'elle est effectuée dans une approche respectueuse du chien et avec des humains qui ont la même approche que vous et des chiens qui connaissent les bons codes de communication.

✖ *Certains chiens peuvent se sentir mal à l'aise si le groupe est trop important.*

LES PARCS À CHIEN

Les gens qui habitent en ville cherchent parfois désespérément un lieu pour lâcher leur chien en toute sécurité ou tout simplement des espaces verts pour le promener en laisse. Si de plus en plus de villes ont des canisites (des petits espaces pour faire les besoins) et que certains jardins de ville ont un espace où les chiens sont acceptés en laisse, il y a encore peu de villes avec des **caniparcs**, des parcs clôturés où l'on peut lâcher son chien. Certaines villes font cependant plus d'efforts que d'autres. On pourrait dire qu'elles sont plus « dog friendly » !

Avant d'entrer

- **Observez le groupe de chiens présents.** Si vous voyez un chien harcelant des congénères ou trop brusque, n'imposez pas cela à votre compagnon. Attendez que ce chien s'en aille. Dans le même ordre d'idées, si le parc contient un trop grand nombre de chiens au vu de sa surface, attendez qu'il y en ait moins pour entrer.
- La majorité de ces parcs ont un sas d'entrée qui permet de détacher le chien en toute sécurité pour qu'il n'ait plus sa laisse une fois dans le parc. C'est important car on ne laisse pas un chien attaché quand des chiens détachés viennent à sa rencontre. Le chien, entravé par sa laisse, ne pourrait pas communiquer correctement !

Dans le parc

- **N'interagissez (caresses, paroles, friandises…) pas avec un autre chien.** Cela pourrait créer des conflits.
- **Ne lancez pas de jouets, bâtons, friandises…** Certains chiens faisant de la protection de ressource, cela pourrait dégénérer en bagarre.
- **Surveillez en permanence votre compagnon.** Chaque propriétaire est responsable de son chien. Il faut donc rappeler votre chien s'il harcèle ou agresse un congénère, ou s'il en est victime. S'il est mal à l'aise, sortez-le immédiatement du parc.
- Si des chiens viennent vers vous et que le vôtre est à vos pieds, déplacez-vous et **ne touchez ou caressez aucun chien (y compris le vôtre).**
- **Ramassez les excréments de votre chien.**

LE CANI-CROSS

Apprécié des joggeurs, le cani-cross est un sport qui consiste à courir avec son chien relié à soi. Il peut être pratiqué comme loisir ou en compétition. Parfois, en compétition, la pratique est agrémentée d'obstacles. De nombreux clubs proposent à leurs adhérents de s'entraîner régulièrement en petits groupes.
Les compétitions sont très prisées car elles sont souvent organisées en faveur de bonnes causes. Les particuliers y vont donc volontiers mais, comme on l'a vu, attention à bien les préparer et à prendre les précautions nécessaires évoquées plus haut.

L'ÉQUIPEMENT

(*cf.* « Les activités en extérieur », p. 32.)
Les chaussures à pointes qui risquent de blesser un chien sont interdites. Lors des compétitions, un contrôle vétérinaire aura lieu quelques heures avant le départ. Le propriétaire devra fournir la preuve que son chien est à jour de ses vaccins, identifié et en bonne santé ainsi qu'un certificat médical de moins d'un an ou une licence d'athlétisme.

LE DÉROULEMENT

La distance : La course varie entre 1,5 et 10 km environ.
La préparation : Un entraînement progressif préalable est nécessaire. Pas question d'emmener votre chien participer à une course s'il n'a pas eu d'entraînements avant et que sa principale activité physique consiste à monter sur le canapé et à en descendre !
Pendant la course : Donnez-lui à boire régulièrement.
Après la course : Félicitez-le ! Faites-le marcher tranquillement. Vous pouvez également lui faire un massage relaxant qui le récompensera de ses efforts et remettra son corps en état (*cf.* « Le massage canin », p. 87).

LES VARIANTES DE COURSES

Le cani-VTT (ou *bikejoring*) : le chien attelé avec un équipement spécial tracte à l'avant du VTT.
La cani-trottinette est également un sport de traction. Le chien est relié à la trottinette et tracte, tout en étant guidé par la voix.
Ces deux activités adaptées aux sportifs (chien et humain !) peuvent se pratiquer en groupe lors des courses/compétition ou seul avec son chien pour s'entraîner.
Faites-vous accompagner par un professionnel lors des premières séances pour ne pas commettre d'erreurs.
La cani-randonnée est également une activité que l'on peut pratiquer en groupe.

Observez toujours votre chien lorsque vous faites des activités avec lui pour être certain qu'il est bien et qu'il apprécie ce moment.

Les jeux de proprioception

La proprioception concerne la perception de la position des différentes parties du corps les unes par rapport aux autres et dans l'espace. Les jeux de proprioception (transfert de poids, équilibre, appréhension de différents touchers...), moins connus, permettent au chien d'avoir conscience de la position et de l'action des différentes parties de son corps.

LA PROPRIOCEPTION, MODE D'EMPLOI

LES BIENFAITS POUR LE CHIEN

La proprioception apporte stimulations physiques et mentales au chien, mais renforce également votre complicité.

Bienfaits physiques

Les exercices de proprioception **habituent le corps à réagir** face à des situations imprévues (surface glissante, trous). Du coup, les risques de blessures diminuent. Les exercices **réduisent également les douleurs musculaires et articulaires. Les exercices sont adaptés aux chiens de tout âge:** ils permettront au chiot d'améliorer son équilibre et de découvrir différents reliefs sur des dalles sensorielles. Le chien adulte développera son tonus musculaire et conservera une bonne posture. Le chien sportif pourra développer sa musculature et sa souplesse grâce à des exercices ciblés. Le chien âgé maintiendra sa forme physique et les exercices pallieront la diminution de ses activités.

Bienfaits intellectuels

Les jeux de proprioception augmenteront les capacités cognitives du chien en stimulant sa curiosité.

Bienfaits pour le binôme

Votre chien développera sa confiance en lui et en vous puisque vous l'épaulerez de manière ludique. Au fil des exercices, votre complicité se renforcera.

LES PRÉCAUTIONS À PRENDRE

- Chaque exercice, amené de manière bienveillante et entrecoupé de pauses, doit être adapté au chien.
- Ne faites pas d'exercices avec votre chien s'il est blessé.
- Si possible, consultez un professionnel pour qu'il vous montre les exercices adaptés à votre chien afin que vous puissiez les reproduire à la maison sans risquer de le blesser. Des professionnels formés au fitness canin proposent également des stages de proprioception. N'hésitez pas à vous y inscrire, vous allez bien vous amuser!

La planche d'équilibre

Avant d'investir dans le matériel, participez à des stages de proprioception pour utiliser le matériel correctement, bien exécuter les exercices et éviter de blesser votre chien.

AVANT DE COMMENCER

Vérifiez que la surface de travail ne glisse pas. Assurez-vous que les griffes de votre chien ne sont pas trop longues. Elles ne doivent pas le gêner lorsque sa patte touche le sol, lorsqu'il marche... Elles pourraient lui faire mal et gêner son adhérence.

Commencez par des petites sessions de 5 min. Variez les exercices durant la séance. Soyez à l'écoute de votre chien et arrêtez avant qu'il en ait assez.

L'ÉQUIPEMENT

Voici le matériel utilisé par les professionnels pour les séances de fitness : cibles, coussins d'équilibre, disques d'équilibre, *peanuts* (ballon de stabilité en forme de cacahuète), planches d'équilibre, tapis d'équilibre.

LES EXERCICES

Voici quelques exercices simples que l'on peut faire à la maison (ou dans le jardin) et qui facilitent la proprioception du chien.

« DEBOUT ET PAS BOUGER »

L'objectif de cet exercice est de maintenir la posture debout sans bouger. Cela paraît tout simple, mais, en fait, le chien reste rarement (voire jamais) debout sans bouger. Vous pouvez travailler cet exercice en vous aidant d'une friandise placée devant le museau du chien de manière à ce qu'il étire légèrement sa tête vers l'avant et que ses pattes arrière ne soient pas trop écartées. Il doit bien prendre appui sur ses quatre pattes. Augmentez progressivement la durée de l'exercice.

L'ÉCHELLE

Posez une échelle à plat au sol et faites marcher votre chien dessus. Il doit placer correctement ses pattes à chaque pas pour ne pas toucher les barreaux de l'échelle. Cet exercice peut se faire sans laisse.
Guidez sa trajectoire avec votre main, encouragez-le et félicitez-le à la fin.
Vous pouvez également utiliser d'anciens pneus de voiture que vous poserez au sol, côte à côte en ligne droite. Invitez votre chien à les traverser : il devra lever les pattes plus haut que pour l'exercice de l'échelle.

LE MIKADO GÉANT

Posez des barres au sol comme pour un mikado géant. Vous pouvez utiliser des tuteurs de plantes, des tuyaux en PVC ou des manches à balai. Invitez votre chien à passer au travers des barres et récompensez-le !

L'échelle

Debout sur deux marchepieds

Pour l'exercice de l'échelle et du mikado géant, le chien ne doit ni sauter ni courir.

DEBOUT SUR DEUX MARCHEPIEDS

Le but du jeu est que votre chien place les pattes avant sur le premier support et les pattes arrière sur le second. Choisissez les marchepieds en fonction de sa taille.

- Dans un premier temps, apprenez à votre chien à mettre ses pattes avant sur le marchepied. Vous pouvez le guider à l'aide d'une friandise.
- Dans un deuxième temps, apprenez-lui à mettre ses pattes arrière sur le marchepied.
- Disposez enfin les deux marchepieds de façon à ce que le chien puisse mettre ses pattes avant sur l'un et ses pattes arrière sur l'autre.

LA PLANCHE D'ÉQUILIBRE

On trouve cette planche dans les magasins de sport. Également appelée *balance board*, elle permet de travailler l'équilibre et la confiance en soi. Le chien doit tenir en équilibre sur le plateau bascule. Au début, demandez-lui uniquement d'y mettre les pattes de devant.

Utilisez un plateau ayant une surface antidérapante.

LES DÉPENSES INTELLECTUELLES

Les jeux cognitifs

Un chien a besoin de se dépenser physiquement, mais aussi d'utiliser ses capacités intellectuelles. Pour cela, vous pouvez acheter des jeux cognitifs ou les faire vous-même. Ces jeux poussent le chien à réfléchir, ce qui est bénéfique à son équilibre. Sans compter qu'ils l'occuperont, que certains jeux le fatigueront autant qu'une promenade et qu'ils sont bien pratiques quand il ne fait pas beau !

LES JEUX À ACHETER

On trouve de plus en plus facilement ce type de jouets en animalerie ou sur Internet. Il en existe de niveaux de difficultés variés, de celui où le chien a juste besoin d'ouvrir un tiroir (niveau 1) à ceux où il doit soulever un clapet, un cône, actionner une manivelle, etc. (niveaux 2 et 3). Le chien est motivé par les petites friandises glissées au préalable dans les différents compartiments du jeu. S'il ne s'intéresse pas au jeu, utilisez des friandises de plus haute valeur.

✖ *Ce type de jeu nécessite que vous restiez à côté de votre chien. Ne le laissez pas sans surveillance avec une plateforme au risque qu'il la détruise et/ou qu'il se blesse.*

Au début, si votre chien a du mal, **aidez-le** pour ne pas qu'il se décourage en lui montrant comment accéder à la friandise et commencez par des jeux de niveau 1 ou 2.
S'il éprouve des difficultés, encouragez-le et aidez-le à réussir. **Arrêtez-vous toujours sur une réussite.** Vous lui reproposerez le jeu le lendemain. Il se débrouillera mieux.
Encouragez-le et félicitez-le régulièrement. Vous verrez qu'il améliorera rapidement sa technique et sera de plus en plus rapide. Vous pourrez alors lui faire faire des jeux de plus en plus compliqués pour le pousser à réfléchir.
Des séances de 15 min sont suffisantes. Tous les jours, tous les 2 jours ou une fois par semaine. À vous de vous adapter à votre chien.

LES JEUX À FAIRE SOI-MÊME

Créer vous-même des jeux vous permettra d'en changer plus souvent. Ainsi, votre chien s'habituera moins au jeu et devra davantage utiliser ses capacités cognitives. Et cela vous coûtera moins cher !

TAPIS DE FOUILLE

Pour créer un tapis de fouille dans lequel vous pouvez cacher des friandises sèches, découpez

des bandes de tissus « polaires » de 3 cm sur 20 et fixez-les à un paillasson en caoutchouc. Et voilà ! Vous avez fabriqué un paillasson touffu parfait pour cacher des friandises.

LES BOUTEILLES

Vous pouvez aussi fabriquer un jeu cognitif avec des bouteilles vides préalablement percées. Pour cela :

- Prenez une tige fine d'environ 50 cm de longueur (un tuteur pour plante, par ex.).
- Faites-la passer à travers 2 ou 3 bouteilles en plastique percées.
- Insérez les friandises dans les bouteilles.
- Tenez la tige horizontalement et laissez votre chien tourner les bouteilles pour faire tomber les récompenses.

Un support peut être fabriqué pour ne pas avoir à tenir la tige.

LA MALLE AUX TRÉSORS

Comme les enfants, votre chien appréciera de mettre sa truffe dans sa malle aux trésors. Pour la fabriquer : prenez une boîte à chaussure et mettez-y des boules de papier où vous aurez caché des friandises.

C'est tout ! Le chien doit ouvrir la boîte et chercher les friandises.

LA BOÎTE À CHAUSSURES

Remplissez une boîte à chaussures avec des rouleaux (type rouleaux en carton de papier toilette) posés debout côte à côte. Glissez à l'intérieur des rouleaux des friandises

À votre chien de trouver un moyen de récupérer les friandises !

LA BOUTEILLE DISTRIBUTRICE DE FRIANDISES

- Récupérez une bouteille en plastique vide (type bouteille de lait).
- Percez-y des trous et remplissez-la de friandises sèches.
- Replacez le bouchon et donnez la bouteille à votre chien.

Le jeu des gobelets.

Il devra la faire rouler pour récupérer les friandises. Il est préférable de surveiller votre chien lors de ce jeu, pour ne pas qu'il détruise la bouteille si elle n'est pas assez solide.

LES POTS DE FLEURS

- Récupérez 3 pots.
- Disposez les pots à 10-20 cm les uns des autres.
- Glissez sous un des pots une friandise lorsque votre chien ne regarde pas et laissez-le la trouver !

LES GOBELETS

Pour ce jeu, il vous faut 3 gobelets et une balle de ping-pong (adaptez les gobelets et la balle à la taille de votre chien).

- Placez la balle sous un des gobelets devant votre chien et changez les gobelets de place.
- Laissez-le vous indiquer où est la balle. Lorsqu'il la trouve, récompensez-le.

LA BOÎTE À BALLES

Il vous faut une boîte à chaussures ou un carton et des balles (choisissez la dimension des balles en fonction du gabarit de votre chien pour éviter tout risque d'ingestion).
Remplissez la boîte de balles et glissez-y des friandises. Laissez-le trouver les friandises !

Variante : la piscine à balles

- Prenez une petite piscine en plastique pour enfant.
- Jetez-y des balles. Vous pouvez y cacher des friandises ou des jouets de votre chien.

C'est parti pour la chasse au trésor !

YOUTUBE

Vous trouverez aussi des vidéos de jeux d'occupations sur la chaîne YouTube « Élodie Y'a pas d'os ! »

Les jeux à lui laisser en cas d'absence

L'absence de l'humain est plus ou moins bien vécue par le chien. Si cela dépend de plusieurs facteurs (durée de l'absence, habituation à rester seul), certains jeux l'occuperont mieux que d'autres pendant ce moment délicat où certains chiens stressent. L'idéal est de mixer dépenses physiques et intellectuelles au cours de la journée.

LE RITUEL EN CAS D'ABSENCE

Voici les 5 règles de base si vous voulez que votre absence se passe bien.

Sortez votre chien avant de partir

Sortez-le pour qu'il fasse ses besoins et qu'il se détende. Si vous devez vous absenter plusieurs heures, prévoyez du temps pour le balader et ne faites pas seulement une sortie hygiénique de 5 min. Lors de cette promenade, laissez-le renifler et vaquer à sa guise. Évitez de l'exciter avec des jeux de lancer de balles et assurez-vous qu'il a bien fait ses besoins avant de rentrer.

✖ *Il est important dès le plus jeune âge d'habituer votre chien à vos absences afin qu'elles ne soient pas mal vécues et qu'elles n'engendrent pas de stress. Pour cela, absentez-vous pendant des laps de temps très courts les premières fois et augmentez progressivement la durée en fonction des réactions de votre chien. Même chose avec un chien adulte qui n'a pas été habitué à rester seul.*

Rangez vos affaires

Si votre chien a tendance à ronger/mâchouiller tout ce qu'il trouve, retirez toutes les choses de valeur et celles avec lesquelles il risque de se blesser. Attention aux fils électriques si vous avez un chiot !

Ayez une attitude neutre

De toute façon, votre chien a bien compris que vous vous prépariez à sortir ! Certains chiens ont besoin de savoir s'ils sont de la partie ou non. Dans ce cas, dites à votre chien ce qu'il en est. Ainsi, le message sera clair. Ex : « Je reviens, tu attends », lorsque vous sortez sans lui ; « Tu viens Médor, on sort », lorsqu'il vient avec vous.

Donnez-lui ses jouets

Mettez ses jouets à sa disposition pour qu'il puisse s'occuper. Quand vous partez, vous pouvez également lui donner un jouet qu'il adore afin qu'il associe votre départ à une chose positive. Si besoin, vous pouvez laisser dans son panier un vêtement avec votre odeur.

Chiot mastiquant un Kong

AU RETOUR

Quand vous rentrez, si votre chien est excité, attendez qu'il se calme pour lui dire « bonjour ». Quand il sera bien calme, sortez-le pour le remercier d'avoir patienté !

LES JEUX POUR PASSER LE TEMPS ET SE DÉFOULER

LE KONG

Ce jouet en caoutchouc très résistant permet d'être garni de friandises et d'aliments qui plaisent au chien. En le remplissant de friandises collantes, on permet au chien de s'occuper un bon moment. Et si vous souhaitez l'occuper encore plus longtemps, vous pouvez congeler le Kong : c'est idéal l'été ! Dans le Kong, vous pouvez mettre des rillettes, du pâté, du fromage à pâte molle, des croquettes que l'on a humidifiées pour en faire une bouillie... Vous trouverez des tutos et des recettes sur Internet.

L'idéal est d'avoir toujours un Kong prêt dans le congélateur en cas de départ inopiné. Utilisez un Kong de taille adaptée à votre chien pour qu'il ne puisse pas l'avaler. S'il a une mâchoire puissante et qu'il détruit tous ses jouets, utilisez les Kongs noirs, encore plus résistants.

LA BALLE DISTRIBUTRICE DE FRIANDISES

Vous trouverez dans le commerce des balles distributrices de friandises. Le chien doit faire rouler la balle pour récupérer les friandises sèches que vous aurez glissées à l'intérieur. N'oubliez pas de montrer à votre chien comment cela marche avant de l'utiliser pendant vos absences. Vous trouverez une vidéo sur la chaîne YouTube Élodie Y'a pas d'os.

LE CARTON

Si votre chien aime déchiqueter, vous pouvez lui laisser un carton pour l'occuper. Vous pouvez également remplir un carton de boules de papier journal et y cacher des friandises.

LE JEU DE CACHE-CACHE

Avant de partir, vous pouvez cacher des friandises dans différents endroits de la pièce. Ainsi, votre départ sera associé à une chouette chasse au trésor!

LE JEU POUR MASTIQUER

Votre chien a besoin de mastiquer et lui laisser des jouets à mastiquer en votre absence l'aidera à passer le temps et à mieux vivre votre absence.

Une oreille de porc, un tendon de bœuf... peuvent ainsi être donnés juste avant de partir. Vous pouvez aussi cacher l'oreille de porc dans la pièce et laisser votre chien la trouver!

LE TAPIS DE FOUILLE

Vous pouvez laisser en votre absence un tapis de fouille à votre chien uniquement s'il ne cherche pas à le détruire une fois que toutes les friandises ont été mangées. Pour le fabriquer, relisez les pages 42-43.

Un chien n'est pas fait pour rester 10 h par jour tout seul. Si votre emploi du temps ne vous permet pas d'être plus disponible pour votre chien, vous pouvez faire appel à des promeneurs professionnels qui viendront le chercher et le ramèneront à la maison. Plus votre absence est longue, plus il faudra laisser à votre chien de quoi s'occuper.

Le jeu du carton

Le tapis de fouille

L'apprentissage au clicker

Le clicker est une petite boîte contenant une languette métallique, qui émet un son bref caractéristique (« clic ») lorsqu'on appuie dessus avec son pouce. Pour quelques euros sur Internet ou en animalerie, il permet d'apprendre certaines choses à son chien et de faire travailler ses facultés cognitives. L'entraînement au clicker est une méthode d'éducation basée sur le conditionnement : le chien devient acteur de son éducation, en produisant des comportements pour entendre son humain cliquer.

LE CLICKER

SON UTILISATION

Le clicker marque un bon comportement. On clique à chaque fois que son chien fait quelque chose que l'on souhaite qu'il refasse. En fait, le « clic » équivaut à un « oui/yes/c'est bien ».

La première étape consiste à associer le son du clicker à une friandise afin que le chien comprenne que ce son si particulier signifie qu'il a bien agi. Pour cela, dès qu'il adopte un comportement intéressant (se lever, reculer, tourner, vous regarder, se coucher...), cliquez et récompensez-le immédiatement. Par la suite, une fois l'apprentissage acquis, vous pouvez arrêter d'utiliser le clicker, qui n'est qu'un outil d'aide à l'apprentissage. Vous remplacerez alors le clic par le « oui/bien » et ne donnerez plus la friandise à chaque fois.

LE JACKPOT

De temps à autre, on peut utiliser le « Jackpot ». Il s'agit de donner plusieurs friandises à la suite. On utilise le Jackpot pour un apprentissage compliqué ou lorsque le chien a fait abstraction d'une grosse stimulation pour répondre à notre demande. Exemple : vous rappelez votre chien alors qu'un chevreuil passe. Pour le récompenser d'être revenu malgré son envie de suivre le chevreuil, lorsqu'il va arriver près de vous, cliquez et récompensez-le en lui donnant plusieurs friandises à la suite. Ne cliquez pas plusieurs fois, faites juste un clic puis donnez les friandises.

SES AVANTAGES

- Le clicker peut être utilisé avec tous les chiens, à tout âge.
- Il se différencie très bien des bruits et des mots que le chien est susceptible d'entendre.
- Contrairement à une voix, le clicker ne trahit aucune émotion et ne varie jamais. En effet, lorsqu'on est de mauvaise humeur, le « oui » s'en ressent. Le clicker, lui, est net et précis, et il n'est jamais de mauvaise humeur ! Il va ainsi faciliter et accélérer les apprentissages.

CONSEILS POUR BIEN L'UTILISER

- Faites des séances de moins de 15 min. Le clicker demande beaucoup de concentration au chien, qui va vite fatiguer. Or le cerveau de votre chien a besoin de se reposer si vous voulez qu'il assimile les nouvelles informations que vous lui donnez. Très progressivement, vous augmenterez la durée des leçons.
- Attention à cliquer au bon moment ! Vous ne devez cliquer que pour indiquer une bonne action et au moment précis où elle a lieu. Pour cela, entraînez-vous en l'absence de votre chien avant de commencer la première séance. Vous pouvez par exemple faire rebondir au sol une balle de tennis et cliquer à chaque fois qu'elle touche le sol.
- Comme chaque clic = une friandise, si vous cliquez par erreur, vous devrez donner une friandise à votre chien.
- Ne dites jamais « non » pendant un apprentissage au clicker, comme pour tout autre apprentissage.

LES EXERCICES

MATÉRIEL

- Des friandises appétentes de petite taille (taille d'un petit pois) en grande quantité. Utilisez des friandises humides comme des petits bouts de fromage ou de saucisses pour éviter les miettes.
- Une pochette à friandise à fixer au niveau de la taille.
- Un clicker.

DÉROULEMENT

Commencez par un exercice facile, comme le fait de toucher un objet.

1. Mettez-vous face à votre chien et tendez-lui l'objet pour qu'il vienne le renifler. Dès qu'il approche sa truffe, cliquez et récompensez-le aussitôt.
2. Lancez la friandise au sol à environ 1 m de vous. Le chien va aller la chercher. Après il va revenir vers l'objet. Dès qu'il le touche, cliquez et récompensez-le. Recommencez 4 fois environ.
3. Quand vous voyez qu'il n'hésite plus à s'approcher pour renifler l'objet, ajoutez l'ordre « touche » en lui présentant l'objet. Cliquez dès qu'il le touche, même furtivement. Recommencez 4 fois environ puis faites une pause.
4. Indiquez au chien que l'exercice est terminé en lui disant par exemple : « C'est fini. »

Augmentez peu à peu le nombre de demandes en vous arrêtant avant que votre chien ne se lasse de ce petit jeu. Recommencez le lendemain.

Cet exercice peut être fait avec divers objets.

Et voilà ! Votre chien a appris à toucher un objet sur demande et a associé le bruit du clicker à une bonne action grâce aux récompenses que vous lui avez données juste après le clic.

LE SHAPING

Le shaping fonctionne un peu comme le jeu du chaud et du froid. En fait, on clique différents comportements qui vont progressivement amener au comportement final souhaité.

Le shaping a l'avantage de pousser le chien à réfléchir. Du coup, l'apprentissage est très bien assimilé.

Comme il est primordial d'avoir un bon timing en shaping, lorsque vous commencez un exercice, vous devez connaître les différents comportements que vous allez cliquer pour arriver au comportement final voulu. En fait, ce comportement final n'a pas forcément une utilité. Par exemple : on veut que le chien mette ses deux pattes arrière dans un cerceau posé au sol. Ce qui est intéressant, ce sont les étapes par lesquelles on va passer pour y arriver car elles demandent au chien de réfléchir pour obtenir le clic.

Vous trouverez un exercice qui utilise le shaping dans les pages suivantes.

Les apprentissages au clicker

Utilisez le clicker pour que votre chien se dépense intellectuellement au moyen d'apprentissages variés.
Voici des exercices avec des degrés de difficultés différents :
- facile ★
- moyennement facile ★★
- difficile ★★★
Une fois que vous aurez assimilé la technique, vous pourrez passer à d'autres apprentissages !

POUR TOUS LES EXERCICES

- **Votre chien doit être calme.** Pour cela, n'hésitez pas à aller le promener avant de lui faire faire un exercice.
- Faites en sorte qu'aucun élément ne vienne perturber le déroulement de l'exercice.
- **Munissez-vous de friandises** et de votre clicker. Prenez des friandises de petite taille, de préférence humides pour que cela ne fasse pas de miettes (sinon votre chien aura en permanence le nez au sol).
- **« Demander souvent, se contenter de peu, récompenser beaucoup ».** Cette phrase d'un célèbre écuyer doit être votre ligne directrice. « Demandez souvent » : c'est en effet la répétition des exercices qui permettra à l'apprentissage d'être acquis. Évitez cependant de tomber dans le surentraînement. « Contentez-vous de peu » : chaque petite avancée doit être perçue comme une victoire. « Récompensez beaucoup » : ne soyez pas avare de reconnaissance. Votre chien essaie de faire de son mieux, et ce que vous lui demandez est parfois très difficile.
- **Ignorez les erreurs.** Si votre chien bloque, n'hésitez pas à revenir à un apprentissage qu'il réussit facilement, et faites une pause. Laissez mûrir les informations. D'une certaine manière, les pauses sont aussi importantes que les leçons !
- **Arrêtez avant qu'il en ait assez.** Pour cela, observez son comportement (*cf.* « Les signaux d'apaisement », p. 66).
- Une fois l'apprentissage bien assimilé, vous pouvez arrêter d'utiliser le clicker.

« REGARDE » ★

Grâce au clicker, vous pouvez obtenir l'attention de votre chien sur demande. Cet apprentissage permettra qu'il soit plus attentif lors d'autres exercices. D'autre part, s'il a tendance à poursuivre les joggeurs ou à aboyer sur d'autres chiens, vous pourrez lui demander de vous regarder le temps que la stimulation ou le déclencheur s'éloigne.

ÉTAPE 1

1. Prenez une friandise et mettez-la près de votre visage.
2. Dès que le chien regarde en direction de votre visage, cliquez et donnez-lui la friandise.
3. Procédez ainsi 3-4 fois le temps qu'il comprenne bien l'exercice.

ÉTAPE 2

1. Tenez la friandise dans la main et écartez votre bras (bras tendu sur le côté).
2. Attendez que le chien vous regarde (et non pas votre main) pour cliquer et le récompenser.
3. Refaites l'exercice plusieurs fois. Lorsque votre chien a bien compris l'exercice, vous pouvez intégrer la demande verbale « regarde ». Pour cela, refaites l'exercice et, au moment où il vous regarde, dites « Médor, regarde ».
4. Recommencez l'exercice 3-4 fois avec la demande « regarde » en terminant sur une réussite.

« AU PIED » ★★

Grâce au clicker, vous pouvez apprendre à votre chien à marcher au pied. Par rapport à la méthode utilisée pour la balade en laisse, l'usage du clicker permet d'être plus précis. De ce fait, il favorise un apprentissage plus rapide.

Matériel : munissez-vous de friandises, d'un clicker et d'une laisse d'environ 1,50 m.

Faites l'exercice dans un lieu calme où le chien ne sera pas distrait (votre jardin par exemple). Lorsqu'il tire sur la laisse, arrêtez-vous. Attendez qu'il revienne (au besoin rappelez-le). Cliquez et récompensez-le dès qu'il se place à côté de vous. N'abusez pas de la demande « au pied » qui ne permet pas au chien de profiter pleinement de sa promenade. Faites-le uniquement sur de courtes distances.

1. Attachez la laisse de votre chien à son harnais.
2. Dès qu'il se place à côté de vous et que la laisse est détendue, cliquez et récompensez. Lorsque vous récompensez votre chien, donnez-lui la friandise sur le côté pour éviter que, par la suite, il ne se place devant vous pour obtenir sa friandise.
3. Faites un pas. Dès que votre chien vous rejoint et qu'il est à côté de votre jambe, cliquez et récompensez-le.
4. Continuez sur quelques pas ainsi, puis cliquez tous les 2-3 pas, les 5-6 pas et ainsi de suite.
5. Lorsqu'il a bien compris l'exercice, vous pouvez associer une demande verbale : « au pied ». Pour cela, lorsque votre chien se place de lui-même à côté de vous, dites « Au pied », cliquez et récompensez.

Généralisez l'apprentissage en effectuant cet exercice dans des environnements différents et en le faisant travailler progressivement dans des endroits où les stimulations sont de plus en plus nombreuses.

« ESSUIE TES PATTES »

★★★

Dans cet exercice, votre chien va apprendre à se placer sur un paillasson et à essuyer ses pattes dessus. Cet exercice utilise le shaping (*cf.* p. 50).

Matériel : des friandises, un clicker, un tapis ou un paillasson adapté à la taille du chien.

1. Placez le tapis au sol. Lorsque votre chien touche le tapis avec une de ses pattes, cliquez et récompensez.

2. Une fois qu'il a bien compris que mettre une patte lui permet d'obtenir un clic, ne cliquez plus et attendez qu'il mette une autre patte sur le tapis pour cliquer. Cliquez quand il a les deux pattes sur le tapis puis arrêtez de cliquer pour que votre chien mette une troisième patte sur le tapis. Suivez cette méthode jusqu'à ce que le chien place ses quatre pattes sur le tapis.
3. Quand il a les quatre pattes sur le tapis, glissez devant lui une friandise sous le tapis. Votre chien va commencer à gratter le tapis pour récupérer la friandise : c'est le moment de cliquer et de le récompenser. À chaque fois qu'il gratte le tapis, cliquez et récompensez-le.
4. Une fois que votre chien a bien compris l'exercice, vous pouvez associer une demande verbale : « Essuie tes pattes ».

✖ *Si le chien ne gratte qu'avec une patte, ne cliquez plus et attendez qu'il gratte avec les deux pattes de devant pour cliquer.*

Au début, cliquez régulièrement lorsque votre chien réussit l'exercice pour l'encourager. N'hésitez pas à revenir à l'étape précédente si, au contraire, il n'y arrive pas.

Faites des petites séances (pas plus de 10 min) et adaptez la progression en fonction de votre compagnon. Vous pouvez effectuer plusieurs sessions dans la journée.

Comme toujours, terminez sur une réussite.

Les jeux de discrimination

Ces jeux consistent à demander au chien de distinguer des objets, ce qui permet de l'occuper de manière intelligente. On lui apprend ainsi de nouveaux mots. Chaser, un border collie devenu célèbre, connaît plus de 1000 mots et est capable de différencier des jouets : elle a mémorisé le nom de 1022 jouets qu'elle peut rapporter sur demande. Cette méthode peut être adaptée à tous les chiens.

POUR TOUS LES EXERCICES

MATÉRIEL

- 3 jouets différents. Exemple : une balle, un jouet en corde, une peluche ;
- des friandises de petite taille que votre chien apprécie tout particulièrement ;
- éventuellement un clicker pour travailler ces exercices (*cf.* « L'apprentissage au clicker », p. 48).

LES BONNES CONDITIONS

- Mettez-vous dans une pièce au calme.
- Choisissez un moment de la journée où votre chien est tranquille.
- Allez-y progressivement. Attention à ne pas vouloir aller trop vite au risque de décourager votre chien !
- Faites des séances courtes (10-15 min).
- Stoppez l'exercice avant que votre chien en ait assez, et toujours sur une réussite.

✖ *Ne dites jamais « non », même si votre chien se trompe. S'il se trompe, ignorez ce qu'il fait. Il rectifiera lui-même son erreur.*

1ER JEU : ASSOCIER UN NOM À UN OBJET

Ce premier jeu comprend trois étapes. N'allez pas trop vite et attendez que chaque étape soit bien assimilée pour passer à la suivante.
Matériel : un des trois jouets, des récompenses ; le clicker si vous souhaitez l'utiliser.

ÉTAPE 1 : toucher l'objet

1. Posez un jouet au sol devant votre chien.
2. Dès que le chien le renifle ou le touche (avec la gueule, la truffe ou les pattes), félicitez-le « oui/yes/bien » et récompensez-le avec une friandise.
3. Refaites plusieurs fois l'exercice jusqu'à ce que votre chien ait bien compris qu'il devait toucher l'objet.

ÉTAPE 2 : associer le nom à l'objet

Une fois que votre chien a bien assimilé l'étape précédente et touche systématiquement le jouet, vous allez pouvoir associer le nom à l'objet.
Pour cela, posez le jouet au sol et dès que le chien le touche, dites son nom (ex. : « peluche »). Refaites l'exercice plusieurs fois.

ÉTAPE 3 : désigner l'objet sur demande

Le chien va à présent apprendre à « désigner » l'objet uniquement sur demande.

1. Posez le jouet au sol.
2. Demandez à votre chien de toucher la peluche en disant « peluche ».
3. Félicitez-le et récompensez-le lorsqu'il la touche. S'il touche la peluche avant que vous l'ayez demandé, ne dites rien et ignorez ce comportement.

2^{E} JEU : DISCRIMINER UN OBJET

Matériel : pour cet exercice, il vous faut le premier jouet avec lequel vous avez fait l'exercice 1 (dans notre exemple, la peluche) et un 2e jouet (ex. : la balle).

1. Posez la peluche et la balle au sol. Placez les deux jouets à environ 10 cm l'un de l'autre en face de votre chien (à environ 1 m de lui).
2. Demandez-lui de désigner la peluche. Pour cela, dites « peluche ».
3. Félicitez-le et récompensez-le lorsqu'il touche la peluche. S'il touche la balle, ne dites rien.
4. Alternez la place des jouets régulièrement durant l'exercice. Vous pouvez faire l'exercice en y ajoutant un 3e jouet.

3E JEU : DISCRIMINER PLUSIEURS OBJETS

1. Reprendre l'exercice 1 avec un autre jouet (ex. : un jouet en corde).
2. Une fois l'exercice assimilé, disposez devant votre chien le jouet en corde et la peluche.
3. Demandez à votre chien de vous désigner l'un des deux en disant par exemple « peluche ». Félicitez-le et récompensez-le dès qu'il le touche.
4. Alternez la demande entre « peluche » et « corde » et modifiez régulièrement la place de la peluche et du jouet en corde. Par la suite, vous pourrez intégrer un 3e jouet.

4E JEU : DISCRIMINER LES COULEURS

Contrairement aux idées reçues, le chien ne voit pas uniquement en noir et blanc. Il voit certaines couleurs, plus précisément le jaune et le bleu. Il peut donc apprendre à différencier les couleurs.

Matériel : deux jouets identiques de couleurs différentes (par exemple, une balle jaune et une balle bleue).

ÉTAPE 1

1. Posez au sol la balle jaune.
2. Dès que le chien vient renifler ou toucher la balle, félicitez-le et récompensez-le.
3. Refaites l'exercice 4-5 fois pour que votre chien comprenne bien qu'il doit toucher l'objet.

ÉTAPE 2

À présent, dès que le chien touche la balle, dites « jaune ». Refaites cette étape plusieurs fois.

ÉTAPE 3

Le chien doit cette fois désigner (toucher) la balle jaune uniquement sur demande.

1. Pour cela, dites « jaune », félicitez-le et récompensez-le lorsqu'il touche la balle. S'il la touche avant votre demande, restez neutre.
2. Refaites cette étape plusieurs fois.

ÉTAPE 4

Pour apprendre au chien à désigner la balle bleue, reprenez les 3 étapes précédentes en utilisant la balle bleue. Pour la désigner, dites « bleu ».

ÉTAPE 5

1. Une fois que votre chien désigne facilement la balle bleue, disposez au sol la balle jaune et la balle bleue.
2. Demandez-lui de vous désigner l'une des deux. Félicitez-le et récompensez-le dès qu'il touche le bon objet.
3. Alternez votre demande entre « bleu » et « jaune » et modifiez régulièrement la place des balles.

Par la suite, vous pourrez généraliser l'apprentissage en faisant ces mêmes exercices avec d'autres objets de couleur jaune et bleue.

Le mantrailing

Cette activité très appréciée des chiens allie dépenses physiques et intellectuelles. Sous la conduite d'un professionnel, le chien est entraîné à suivre la piste d'une personne cachée, « la personne égarée ». Cette activité, proposée en loisir aux particuliers par des professionnels formés, soude le binôme humain-chien. Elle développe une belle complicité et fait du bien aux chiens présentant des problèmes de comportement, comme la peur des humains et de certains environnements.

L'ODORAT

Cette activité s'appuie sur les qualités olfactives naturelles du chien, qu'elle va également développer.
L'odorat est le sens le plus utilisé par le chien qui vit dans un monde d'odeurs beaucoup plus riche que le nôtre. Si nous prenons plaisir à découvrir un nouvel endroit en le regardant, le chien, lui, le fait avec sa truffe, en reniflant. Sa muqueuse olfactive, composée des cellules réceptrices, est plus importante que la nôtre. Un labrador aurait ainsi 220 millions de cellules réceptrices et 200 cm^2 de muqueuse olfactive quand l'homme n'en posséderait que 5 millions et 5 cm^2. Par ailleurs, plus le chien a un museau long, plus son odorat est développé.
Le chien est également pourvu d'un organe voméro-nasal (l'organe de Jacobson) qui est un récepteur sensoriel. Situé dans la partie antérieure du palais, il lui permet de détecter des molécules de phéromones, dont celles sexuelles.

LE DÉROULEMENT

Le mantrailing est souvent proposé en demi-journée, journée entière ou sous forme de stage (week-end ou semaine entière).
Cette activité peut se faire en milieu végétal et en milieu citadin et avec des chiens de tous âges. Les pistes sont adaptées au niveau et aux capacités physiques du chien et de son humain. L'apprentissage se fait selon une approche respectueuse adaptée au binôme et à la sensibilité du chien.

ÉQUIPEMENT

Avec soi

- un harnais de pistage (un harnais confortable où les épaules sont bien dégagées et où l'attache est plus en arrière sur le dos qu'un harnais normal);
- une longe dont la longueur dépend de la piste;

- des gants/mitaines (plus confortables pour le maniement de la longe);
- des friandises dans une boîte hermétique;
- un objet de référence de la personne cachée: cela peut être un vêtement que la personne a porté la veille ou un bout de tissu imprégné de son odeur.

Dans la voiture, où le chien se repose pendant que d'autres pistent

- gamelle d'eau donnée à volonté;
- des serviettes pour sécher le chien s'il a pisté sous la pluie;
- des couvertures pour ne pas qu'il ait froid dans la voiture en cas de températures basses;
- une cage. Le chien sera en effet de préférence en cage dans la voiture. Ainsi, en cas de forte chaleur, vous pourrez laisser les vitres/portes de la voiture ouvertes sans risque qu'il ne se sauve.

✖ *Attention à ce qu'il ne fasse pas trop chaud dans le véhicule. Voilà pourquoi, en cas de fortes chaleurs, les voitures sont garées à l'ombre.*
Il existe par ailleurs des ventilateurs portatifs, des toiles réfléchissantes à placer sur la voiture, des tapis rafraîchissants... qui permettent au chien de ne pas souffrir de la chaleur.

LE PISTAGE

À la demande de son propriétaire, le chien, après avoir reniflé un objet appartenant à « la personne égarée » (la personne cachée), va suivre la piste laissée par cette dernière.
Chaque binôme passe à tour de rôle, ce qui permet aux chiens de se concentrer et de faire l'exercice sereinement.

« LIRE » SON CHIEN

Durant la piste, le chien donne des informations. À son humain de bien les comprendre pour l'aider et le guider dans sa recherche. C'est ce qu'on appelle « lire son chien ».

Le binôme est accompagné du professionnel, l'instructeur. Tout au long de la piste, l'instructeur guide le propriétaire dans la lecture de son chien, lui indique comment manier la longe et quoi faire s'il perd la trace de la personne « égarée » ou part sur une autre piste (comme celle laissée par du gibier). En effet, l'instructeur connaît la piste puisque c'est lui qui a indiqué à « la personne égarée » où elle devait se cacher.
La longe doit rester tendue durant la piste, d'où l'importance d'équiper le chien d'un harnais confortable (les épaules du chien ne doivent pas être entravées par le harnais) et adapté à cette activité.

Pister asséchant les muqueuses, pensez à proposer régulièrement à votre chien de boire. Avant et après sa piste.

La piste se termine lorsque le chien retrouve « la personne égarée ». Il est alors récompensé par cette dernière qui lui ouvre la boîte de récompenses préparée par son propriétaire. Puis le chien part se reposer dans la voiture entre les pistes.
Durant la piste, les autres participants peuvent suivre le binôme qui travaille en veillant à rester en arrière et à perturber le moins possible le chien. Cela leur permet d'observer d'autres binômes, ce qui est très instructif pour développer ses capacités de lecture du chien.
Au fil des séances, l'instructeur adapte la piste et ajoute des difficultés pour faire évoluer le binôme.
Une pratique régulière vous permettra d'évoluer avec votre chien et de vous perfectionner. Vous apprendrez en effet, au fil des séances, à mieux lire votre chien et vous pourrez ainsi l'aider en cas de difficultés. Vous allez également apprendre à faire confiance à votre animal.

LES BIENFAITS DU MANTRAILING

Le mantrailing répond à des besoins essentiels pour le chien: activité avec son humain, activité physique, activité olfactive, activité cognitive... Cela lui permet d'apprendre à se poser, à se concentrer, à mieux gérer ses émotions et de faire diminuer, voire disparaître, ses craintes grâce à des associations positives. C'est donc une activité particulièrement intéressante pour les chiens présentant des problèmes de comportement tels que:
- peur vis-à-vis des humains;
- peur de certains environnements;
- anxiété...

De plus, **en accompagnant** votre chien en action, dans une situation inédite, vous le valorisez et renforcez votre **complicité humain-chien.** Des chiens stressés ou nerveux retrouvent un certain équilibre grâce à la pratique régulière de cette activité et des chiens craintifs regagnent en confiance.
Quant à vous, vous apprendrez à lire votre chien et à lui faire confiance.

Pour que tout cela se passe au mieux, choisissez un professionnel ayant une approche respectueuse du chien. Il est important qu'il soit formé, qu'il ait une bonne lecture des chiens et qu'il choisisse des pistes adaptées aux chiens. Par ailleurs, il ne doit pas vouloir aller trop vite pour faire plaisir à l'humain au détriment du chien.

OÙ PRATIQUER DU MANTRAILING ?
- Centre Y'a pas d'os: www.yapasdos.fr
- Chien presque parfait: www.chienpresqueparfait.fr
Si vous êtes expérimenté, motivé et disponible, l'association K9 Mantrainling France forme des binômes homme-chien pour intervenir sur le terrain en situation réelle: www.facebook.com/K9mantrailingfrance

Le nose work

La capacité du chien à différencier les odeurs lui permet par exemple d'aider la Police (recherche de drogues, d'explosifs...). Au quotidien, il s'agit de lui apprendre à discriminer une odeur de la vie de tous les jours, comme celle du thé. Des cours et des ateliers existent pour apprendre à travailler avec l'expert olfactif qu'est le chien.

POUR TOUS LES EXERCICES

AVANTAGES

Le nosework apaise le chien qui va brûler beaucoup d'énergie en effectuant une recherche. C'est donc une activité particulièrement bénéfique. Par ailleurs, le nosework améliore la concentration du chien. Il permet également de souder le binôme chien-humain en développant la collaboration et la communication mutuelle.

LIEUX

L'avantage de ce type d'activités, c'est que votre salon et/ou votre jardin peuvent devenir un excellent terrain de recherche ! C'est donc une activité idéale pour occuper votre chien à la maison lorsqu'il ne veut pas sortir parce qu'il pleut ou pour jouer avec lui dans le jardin sans utiliser des jeux excitants.

1ER JEU

MATÉRIEL

- 3 boîtes opaques identiques en plastique avec couvercle ; il faudra percer le couvercle pour former un rond d'un diamètre d'au moins 5 cm pour un petit chien (plus si vous avez un grand chien). Il existe dans le commerce des boîtes en plastique avec des petites ouvertures sur le dessus très pratique pour cet exercice (*cf.* photo page suivante).
- 1 sachet de thé ;
- 1 pince à épiler ;
- des friandises.

ÉTAPE 1

1. Placez le sachet de thé dans une des boîtes à l'aide de la pince (ne touchez pas le sachet avec vos doigts).
2. Mettez la boîte au sol à environ 2 m du chien.
3. Lorsque le chien vient renifler par curiosité au niveau du trou du couvercle, félicitez-le « oui/yes/bien » et récompensez-le. Si vous utilisez le clicker, cliquez au lieu de dire « oui » et récompensez-le.
4. Faites l'exercice plusieurs fois et félicitez bien votre chien lorsque sa truffe est dans le trou de la boîte qu'il est en train de renifler.

ÉTAPE 2

1. Une fois que le chien a bien compris l'exercice, placez les deux autres boîtes au sol (qui, elles, ne contiennent pas de sachet de thé). Espacez-les de 20 à 30 cm. Votre chien ne doit pas savoir quelle boîte contient le sachet lorsque vous les posez au sol.
2. Laissez votre chien chercher la bonne boîte. Félicitez-le dès qu'il renifle le trou de la bonne boîte et récompensez-le.
3. Refaites l'exercice plusieurs fois en changeant les boîtes de place pour que le sachet ne soit pas toujours au même endroit.
4. Régulièrement, retirez le sachet de sa boîte avec la pince, nettoyez l'intérieur et l'extérieur des trois boîtes avec un désinfectant et remettez le sachet dans une boîte différente. Avant que le chien ne commence à chercher, touchez les trois boîtes de manière à les contaminer avec votre odeur. Sinon, il ne cherchera plus l'odeur du sachet de thé mais votre odeur sur la boîte que vous avez touchée.
5. Vous pourrez progressivement espacer les boîtes, les placer différemment… pour diversifier l'exercice.

2ᴱ JEU

MATÉRIEL

- un sachet de thé ;
- une pince pour déplacer le sachet de thé sans le toucher ;
- des friandises de petites tailles ;
- Vous pouvez faire cet exercice en utilisant le clicker (*cf.* « L'apprentissage au clicker », p. 48).

ÉTAPE 1

1. Placez-vous face à votre chien à environ 2 m.
2. Posez au sol le sachet de thé à l'aide de la pince (ne touchez jamais le sachet avec vos doigts). Dès que votre chien renifle le sachet par curiosité, dites « oui/yes/bien » et récompensez-le d'une friandise. Si vous utilisez le clicker, cliquez à la place du « oui ».
3. Recommencez plusieurs fois jusqu'à ce que le chien ait bien compris que renifler le sachet de thé lui fait gagner une friandise.

ÉTAPE 2

1. À présent, placez le sachet de thé un peu plus loin devant votre chien. Il va certainement vous regarder et voir où vous le cachez, ce n'est pas grave ! Le principal est qu'il comprenne ce que l'on attend de lui.
2. Revenez auprès de lui et demandez-lui d'aller chercher le sachet. Vous pouvez dire « cherche » (attention à ne pas utiliser un mot qui sert pour autre chose, comme la recherche de nourriture, au risque de voir votre chien chercher des friandises).
3. Une fois qu'il arrive sur le sachet, félicitez-le et récompensez-le.
4. Refaites l'exercice plusieurs fois en changeant l'emplacement à chaque fois. Si votre chien comprend rapidement, passez à l'étape suivante !

ÉTAPE 3

Maintenant que votre chien a compris qu'il devait chercher et trouver le sachet de thé, vous allez cacher le sachet dans une pièce sans qu'il ne vous voie.

1. Pour cela, laissez votre chien à l'extérieur de la pièce, fermez la porte et allez cacher le sachet.
2. Une fois le sachet caché, ouvrez la porte, appelez votre chien et demandez-lui de chercher. Vous allez pouvoir l'observer chercher avec son nez l'emplacement du sachet. Dès qu'il le trouve, félicitez-le et récompensez-le.

Commencez par des cachettes faciles (sous le coussin du canapé), puis augmentez progressivement la difficulté (le haut d'une étagère...).

3ᴱ JEU

À présent que votre chien est un expert en recherche de thé, c'est le moment de le faire travailler dehors si vous avez un jardin. Si vous n'en avez pas, un parc public fera l'affaire !

1. Disposez différents objets dans votre jardin ou servez-vous de ce qui est déjà là.
2. Toujours à l'aide de votre pince, cachez le sachet de thé à un endroit (cela peut-être sur le siège de la tondeuse, sous une pierre...) en dehors de la présence de votre chien.
3. Appelez votre chien et demandez-lui de chercher (« Médor, cherche »). Une fois qu'il a trouvé, félicitez-le et récompensez-le !

Utilisez toujours le même thé.
Faites des séances courtes de 5-10 min pour ne pas trop fatiguer votre chien car cette activité requiert beaucoup de concentration de sa part. Terminez toujours sur une réussite.
Variez les scénarios pour faire évoluer votre chien et amusez-vous bien !

LE BIEN-ÊTRE AU QUOTIDIEN

Les signaux d'apaisement

Votre chien « parle », non pas avec des mots, mais avec son corps. Bâillement, clignement des yeux... font ainsi partie des moyens qu'il utilise pour communiquer avec ses congénères et avec les humains et signaler un inconfort ou un problème. Ce sont les signaux d'apaisement, qu'il est essentiel de connaître : c'est en effet le b.a. - ba pour comprendre son chien et améliorer son bien-être.

DES SIGNAUX POUR APAISER ET S'APAISER

TURID RUGGAS

Cette Norvégienne, à l'origine entraîneuse de chevaux de course et partisane des méthodes douces d'éducation avec les animaux, a la première travaillé, à la fin des années 80, sur les signaux d'apaisement. Elle en a répertorié une trentaine, permettant ainsi à des milliers d'humains de mieux comprendre leur chien et de respecter leurs goûts et leurs dégoûts. Elle a écrit à ce sujet un livre (cf. p. 120).

Comme nous l'avons vu dans l'introduction, le langage canin est constitué de signaux utilisant le corps, la tête, les oreilles, la queue, les expressions... Les chiens utilisent ces signaux pour communiquer avec nous et leurs congénères.
Vous vous en êtes d'ailleurs peut-être aperçu en observant votre chien quand il en rencontre un autre. Il utilise un code et envoie « des signaux » corporels pour désamorcer un éventuel conflit et « apaiser » la situation. Savoir observer et décoder ces signaux vous permettra de ne pas entrer en conflit avec votre chien et de percevoir rapidement si une situation le met mal à l'aise. Sans compter que vous aurez un moyen de le calmer puisque vous pourrez lui répondre en utilisant vous aussi des signaux d'apaisement.
Sachez également que les chiens utilisent aussi ces signaux pour s'apaiser face à une situation inquiétante.

✖ *Les signaux peuvent être émis de manière très rapide et certains sont difficiles à voir. Vous allez donc devoir être vigilant et bien observer votre chien.*

LES PRINCIPAUX SIGNAUX D'APAISEMENT

Voici les principaux signaux d'apaisement, parmi la trentaine répertoriée par Turid Ruggas.

TOURNER LA TÊTE

Attention ! Ce mouvement est parfois difficile à voir car le chien peut tourner la tête d'un côté et revenir aussitôt à sa position initiale. Cela dit, s'il tourne la tête quand un autre chien s'approche de lui, c'est qu'il veut l'apaiser, peut-être parce que ce chien s'est approché trop vite. Et s'il le fait quand vous vous penchez au-dessus de lui ou que vous le caressez, c'est qu'il est mal à l'aise. Arrêtez alors immédiatement ce que vous étiez en train de faire. Vous pouvez également faire comme lui et détourner la tête pour l'apaiser.

PLISSER LES YEUX

Saviez-vous qu'il est impoli de regarder fixement un chien, les yeux dans les yeux, surtout s'il ne vous connaît pas ?

Le chien n'aime pas du tout cela. Il y a de fortes chances qu'il parte ou plisse les yeux, ce qu'il peut également faire lorsque vous le prenez en photo. C'est sa manière de montrer qu'il n'est pas à l'aise. Dans ce cas, plissez à votre tour les yeux en détournant le regard. Cela l'informera de vos bonnes intentions.

CONTOURNER

Souvent, lorsqu'ils se rencontrent, les chiens se contournent. Une approche de face peut en effet les effrayer. Voilà pourquoi, quand vous rencontrez un chien inquiet, il est conseillé de marcher doucement tout en le contournant.

S'ASSEOIR

Si votre chien s'assoit à l'approche d'un congénère, c'est qu'il lui envoie un signal d'apaisement. Vous pouvez vous aussi utiliser ce signe face à un chien inquiet pour l'apaiser plus rapidement.

L'APPEL AU JEU

Les humains se plaignent parfois que leur chien ne comprend pas quand ils sont fâchés sous prétexte qu'il se met en position de jeu lorsqu'ils le grondent ! Mais le chien ne se met

Plisser les yeux

Se figer, contourner et tourner la tête.

pas seulement dans cette position (pattes avant descendues et corps incliné) lorsqu'il veut jouer, mais aussi pour désamorcer une situation un peu tendue.
Pas facile pour vous d'utiliser ce signal mais vous pouvez essayer d'étirer vos bras vers le bas ! Par ailleurs, si votre chien hésite à revenir vers vous, placez-vous légèrement de profil, accroupissez-vous et tapotez vos cuisses. Votre position sera plus apaisante et vous montrerez que vos intentions sont pacifiques.

SE LÉCHER LA TRUFFE

Ce mouvement est si fugace qu'il est parfois difficile à voir. Pourtant, il signale comme les autres un inconfort, sauf si le chien vient de terminer sa pâtée ! Il est très souvent accompagné du détournement de tête. En revanche, vous allez avoir du mal à l'utiliser !

N'hésitez pas à associer les signaux d'apaisement. Ex. : mouvements lents, détournement du regard et contournement du chien.

BÂILLER

De même qu'un chien ne se met pas forcément en position de jouer pour jouer, il ne bâille pas toujours parce qu'il est fatigué. Il le fait souvent en situation d'inconfort : en arrivant chez le vétérinaire, quand vous le tenez trop serré... Vous pouvez là encore utiliser ce signal pour l'apaiser s'il est agité ou stressé. Et en plus, cela vous détendra également !

SE FIGER

Parfois, quand un chien inconnu s'approche de lui et vient le flairer, votre chien se fige : il s'arrête et ne bouge pas d'un pouce. En se figeant, il laisse l'autre congénère s'approcher et le renifler. Ainsi, il envoie un signe très apaisant. Se figer va également lui permettre de se débarrasser d'un chien qui serait un peu trop intéressé par tout ce qui bouge.
Face à un chien craintif, vous pouvez, vous aussi, vous asseoir et ne plus bouger (en détournant le regard). Vous permettrez ainsi au chien de venir vous renifler. Attention : il ne faudra surtout pas le toucher à ce moment-là !

SE COUCHER

Au lieu de se figer face à un chien inconnu, le vôtre peut se coucher. Il peut aussi le faire quand il en a assez de jouer avec un chien un peu trop excité ou face à un chien souvent plus petit que lui qu'il devine anxieux.
Vous pouvez vous aussi vous allonger, au sol par exemple, pour encourager votre chien à venir vous renifler s'il se montre timide vis-à-vis de vous. Ce signal fonctionne très bien. Voilà pourquoi il est toujours très difficile de faire sa séance de yoga ou de relaxation dans la même pièce que son chien !

CAS PRATIQUE : LA SÉANCE DE CÂLINS

Si les humains ont souvent envie de caresser leur chien, il faut savoir que les chiens, eux, n'aiment pas toujours être caressés, surtout quand leur humain s'y prend mal. Et quand ils aiment, ils savent aussi se faire comprendre pour dire qu'ils en ont assez, notamment au moyen des signaux d'apaisement.

ÉTAPE 1

Invitez votre chien à venir vous voir. Utilisez le signal d'apaisement consistant à s'assoir ou accroupissez-vous. S'il hésite, tournez la tête.

ÉTAPE 2

Votre chien est arrivé. Laissez-le vous renifler puis proposez-lui de le caresser au niveau du poitrail ou sur les côtés.

Cas 1: Votre chien tourne la tête, plisse les yeux, se lèche la truffe, bâille... Il est mal à l'aise. Vous devez arrêter de le caresser.
Il peut même aller jusqu'à grogner ou montrer les dents si vous n'avez pas réagi aux précédents signaux d'apaisement qu'il a envoyés.
Cas 2: Il est détendu, se colle à vous. Vous pouvez continuer.

ÉTAPE 3

De temps en temps, arrêtez de le caresser et ne bougez plus.
Cas 1: Votre chien vous tend la patte, vous gratte la main avec sa patte ou se colle à vous. Il vous demande de continuer.
Cas 2: Votre chien regarde ailleurs ou s'éloigne. La séance de câlins est terminée.
Plus il sera respecté, moins il subira de caresses imposées, et plus il les appréciera.

L'alimentation

Il n'y a encore pas si longtemps, le chien mangeait les restes de la maison. Avec les années, on a compris que l'alimentation était importante pour sa santé et son bien-être. Pâtée humide, croquettes, viande crue… les moyens de le nourrir se diversifient et le propriétaire a parfois du mal à faire son choix. Faisons donc le tour du supermarché canin !

NOURRITURE

LA PÂTÉE HUMIDE

Alimentation industrielle humide, la pâtée est souvent très appétente et donc particulièrement appréciée des chiens. Elle a une teneur élevée en eau, ce qui peut être un avantage pour un chien souffrant d'insuffisance rénale ou urinaire qui a besoin de boire beaucoup. Un chien souffrant de douleur dentaire préférera également manger de la pâtée.

En revanche, si vous avez un grand chien, cela peut vite devenir onéreux. Et même s'il existe des pâtées de bonne qualité, ce type d'alimentation ne répond pas aux besoins de mastiquer du chien. Voilà pourquoi il faudra combler ce besoin en donnant des activités masticatoires à votre compagnon (*cf.* p. 30).
De plus en plus de vétérinaires recommandent de compléter la pâtée par des croquettes.

LES CROQUETTES

Alimentation industrielle sèche, la croquette est le principal mode de nourriture choisi par les propriétaires de chiens. Souvent recommandées par les vétérinaires, les croquettes sont faciles à utiliser. Comme elles sont aisées à conserver et à doser, le marché des croquettes ne cesse de se développer en proposant différentes formules adaptées au profil de votre chien, à son âge, ses problèmes de santé… On trouve ainsi des croquettes pour chiot, chien adulte, chien âgé, chien stérilisé, femelle gestante… Elles existent avec ou sans céréales et ont différents goûts (viande et légumes, poisson et légumes). On les trouve en version light, rénale…

Un chien nourri aux croquettes doit avoir de l'eau fraîche à volonté pour pallier le manque d'eau de ce type de nourriture (il boira plus qu'un chien nourri à l'alimentation humide).

Si vous choisissez de donner des croquettes à votre chien, optez pour des croquettes de qualité. Pour cela, regardez les ingrédients qui les composent. Le chien étant un carnivore, fuyez les croquettes dont le principal ingrédient est des céréales et non de la viande.
Vous trouverez des croquettes en jardineries, magasins spécialisés et sur Internet. Les gammes de croquettes thérapeutiques

sont en vente chez votre vétérinaire. Pour choisir des croquettes de qualité adaptées à votre chien, une page facebook existe: CroquettesCommentChoisir.
Lorsque vous changez de croquettes, mélangez progressivement la nouvelle marque avec l'ancienne pendant plusieurs jours afin de faire une transition. Au fil des jours, mettez de plus en plus de nouvelles croquettes et de moins en moins de l'ancienne marque. Au cours de cette transition, surveillez les selles de votre chien. Si elles commencent à être plus molles, faites une transition plus longue.

LE BARF

Alimentation naturelle crue, le BARF est une alternative de plus en plus choisie par les propriétaires de chien qui veulent nourrir leur animal avec des matières premières naturelles.
Avant de vous lancer, renseignez-vous bien afin de proposer des repas équilibrés à votre chien. Des vétérinaires nutritionnistes peuvent vous guider pour démarrer. Vous trouverez également sur Internet des sites vous aidant notamment à calculer les bonnes rations.
Ce système, en phase avec la nature carnivore du chien, est constitué de viandes sans os, d'os charnus, de fruits et légumes, d'abats, d'huile et de suppléments (œuf, levure de bière...).

SI VOTRE CHIEN EST UN GLOUTON

Dans ce cas, il est important de le laisser au calme pendant le repas.
Il existe des gamelles anti-glouton qui permettent de ralentir la prise de nourriture. Au BARF, le chien mettra plus de temps à manger car il aura des os charnus à déchiqueter.

Avantages

- C'est un régime très digeste pour le chien qui aura des selles moins grosses et moins odorantes.
- C'est une alimentation pratiquement sans amidon idéale pour les chiens diabétiques ou atteints de cancer.
- Il demande au chien de mastiquer, ce qui est bon pour son équilibre et ses dents.
- Il plaît énormément au chien qui est en plus facilement rassasié avec ce régime composé de volumes importants (mais peu caloriques).

Inconvénients

- Si on le prépare mal et qu'on fait des erreurs nutritionnelles, le régime sera déséquilibré.
- Il nécessite qu'on prépare tout, ce qui prend du temps.
- Il nécessite également un grand congélateur pour la viande, surtout si on a un grand chien.
- Il faut également acheter la viande en grande quantité. Cela dit, devant le développement de l'intérêt des particuliers pour le BARF, de nombreux sites spécialisés sur

Internet vendent de la viande en grande quantité qui vous permettront d'avoir des prix plus attractifs. Il existe également des groupes Facebook qui proposent de faire des achats groupés pour diminuer les coûts de livraison et obtenir des prix encore plus intéressants. Si laisser votre chien manger un os charnu vous angoisse, sachez qu'on trouve désormais des barquettes toutes faites où la viande et les os ont été broyés. Ces barquettes sont également livrées congelées.

LA RATION MÉNAGÈRE

La ration ménagère consiste à préparer les repas de son chien sans passer par l'alimentation industrielle. Ainsi, on sait exactement ce qu'on donne à son chien.
Une ration ménagère doit se composer :

- d'une source de protéine : viande ou poisson ;
- de légumes cuits ;
- de pâtes ou de riz bien cuits ;
- d'une huile végétale et d'un complément minéral vitaminé.

Il est important de donner une ration équilibrée et adaptée aux besoins du chien. Il a en effet besoin d'environ 40 nutriments par jour. Pour cela, vous trouverez sur le site Cuisine à Crocs (www.cuisine-a-crocs.com) comment calculer les rations.
Certaines personnes continuent de donner des croquettes en plus de la ration ménagère dans le but de pouvoir facilement passer le chien aux croquettes lorsqu'elles sont en déplacement. Vérifiez dans ce cas que le chien le supporte bien au niveau digestif et que sa ration sur la journée est bien équilibrée.

L'HERBE

Différentes raisons poussent un chien à manger de l'herbe : stress, mal au ventre… ou parfois tout simplement le plaisir… Mais cela ne dispense en aucun cas de le vermifuger !

L'EAU

Laissez une gamelle d'eau fraîche en permanence à votre chien. En balade, emportez une gourde d'eau et une écuelle pour lui proposer à boire (surtout s'il fait chaud). Cela évitera qu'il aille boire l'eau des flaques. En effet, l'eau stagnante peut être dangereuse car des toxines risquent de s'y développer. Sans compter que les flaques ou les cours d'eau près des champs peuvent contenir des pesticides…

VOTRE CHIEN REFUSE DE MANGER CE QU'IL MANGEAIT AVANT

Vérifiez auprès de votre vétérinaire qu'il va bien. L'anorexie peut être le symptôme d'un problème de santé. Si tout va bien, vous pourrez essayer une autre marque de croquettes ou opter pour une alimentation plus appétente et naturelle, comme la ration ménagère ou le BARF.

LES ALIMENTS INTERDITS

Certains aliments que les humains consomment sans problème peuvent être très nocifs pour les chiens, voire mortels. Il convient donc de ne pas leur en donner et de bien les ranger. Parmi eux :
- le café et l'alcool ;
- les oignons crus, cuits ou déshydratés qui peuvent causer une anémie pouvant être mortelle ;
- le chocolat. Attention ! 50 g de chocolat noir peuvent tuer un chien de 5 kg en quelques heures ;
- les raisins qui provoquent une insuffisance rénale aiguë très rapidement ;
- la pomme de terre crue, cause de troubles digestifs et nerveux ;
- les bonbons et chewing-gums qui, à force, détériorent le foie de l'animal et provoquent des hypoglycémies ;
- le sucre en général.

D'autre part, même s'il ne s'agit pas d'alimentation, sachez que le chien peut s'intoxiquer en ingérant **certaines plantes** : tulipes, bégonia, gui, lupin, muguet...

REPAS, MODE D'EMPLOI

NOMBRE DE REPAS PAR JOUR

Un chiot devra avoir 3 repas par jour jusqu'à ce qu'il grandisse et qu'il passe à 2 ou à 1 repas par jour. Si le vôtre a bon appétit et qu'il attend avec impatience le repas, il sera peut-être préférable de lui proposer 2 ou 3 repas par jour.

Certains chiens n'ayant pas faim le matin, vous pouvez dans ce cas proposer 2 repas (midi et soir).

LE CALME

Si lors de la préparation de sa gamelle ou lorsque vous-même mangez, votre chien est excité, mettez-le dans une autre pièce le temps de tout préparer ou apprenez-lui à aller à sa place. Pour cela :
- Installez un tapis ou son couchage pas très loin de la table de repas (vous pourrez par la suite éloigner le panier).
- Invitez-le à venir sur le tapis et récompensez-le dès qu'il est dessus. Ne le grondez jamais et ne vous énervez pas. Progressivement, récompensez-le de rester de plus en plus longtemps dessus. Vous pouvez également lui donner de quoi s'occuper dans son panier (un kong, une oreille de porc...). Il est préférable de commencer à lui apprendre à aller à sa place en dehors du moment des repas pour que ce ne soit pas trop difficile pour lui.
- Une fois que votre chien a bien compris l'exercice, vous pouvez lui demander de rester à sa place pendant que vous cuisinez ou que vous mangez, même s'il faudra probablement au début l'inviter régulièrement à retourner à sa place.

Donnez le repas dans une pièce/endroit au calme où votre chien ne sera pas dérangé (par les humains ou un autre chien). Laissez-le tranquille le temps qu'il termine sa gamelle puis retirez-la. S'il reste de la nourriture mais qu'il ne s'y intéresse plus, vous pouvez la ranger.

✖ *Surtout, ne dérangez pas votre chien pendant qu'il mange, ne le touchez pas et ne vous amusez pas à lui retirer sa gamelle sous prétexte de le dominer. Pendant son repas, il a besoin d'être serein et non stressé à l'idée qu'on puisse lui reprendre ce qu'on vient de lui donner...*

L'aménagement de l'espace

Le chien a longtemps vécu dehors et dormi dans la niche. Puis il a intégré la maison et est devenu pour la majorité des gens un membre à part entière de la famille. Le voici près de ses humains, couché sur le carrelage, puis dans son ou ses « panier(s) », sur le canapé et parfois sur, voire dans le lit… Quelle est la meilleure manière d'aménager l'intérieur et l'extérieur pour que votre chien s'y sente bien ?

DEHORS OU DEDANS ?

DEDANS

Comme nous, la majorité des chiens apprécient le confort et la chaleur de la maison. Le chien est en effet un animal social qui a besoin d'évoluer et de vivre au sein d'un groupe. Il n'est pas fait pour rester seul. Voilà pourquoi les chiens apprécient de vivre à nos côtés à l'intérieur de la maison.

Durant vos absences, vous pouvez restreindre l'espace auquel votre chien a droit en le laissant dans une pièce de la maison où il se sent bien, comme le salon. S'il aime être à la maison, il sera d'ailleurs plus à l'aise et en sécurité à l'intérieur. Il n'y a en effet dans ce cas pas de risque qu'il fugue, qu'il se blesse sur la clôture, qu'il soit volé ou qu'il se fasse piquer par un insecte…

Avant votre départ, rangez vos affaires et ne laissez rien qui puisse blesser votre chien ou être dangereux pour lui. Laissez-lui son panier, des jouets, de l'eau et de quoi mastiquer.

DEHORS

Certains propriétaires souhaitent laisser leur chien vivre dans le jardin. Si c'est votre choix, prévoyez du temps pour l'emmener en promenade et faire des activités avec lui. Un chien qu'on laisse s'ennuyer dans le jardin risque en effet de développer des comportements qui peuvent devenir gênants comme creuser des trous, fuguer, aboyer sur les passants…

Par ailleurs, si vous laissez votre chien dans le jardin sans surveillance, assurez-vous que le jardin est sécurisé (pour éviter toute fugue) et qu'il ne pourra pas se blesser. Sachez aussi qu'il y a de plus en plus de vols de chiens dans les jardins malgré les hautes clôtures et les murs…

Enfin, il conviendra qu'il ait un abri qui le protège de la chaleur, du froid, du vent et de la pluie, un couchage confortable et de l'eau propre en grande quantité à disposition. Pensez notamment à bien isoler le sol de l'abri. Vous pouvez également lui laisser de quoi mastiquer pour l'occuper : jouet, os à

ronger, kong fourré... Votre jardin a beau faire plusieurs centaines ou milliers de m^2, le chien va finir par s'ennuyer tout seul dans ce lieu dont il connaît par cœur les moindres recoins.

LES DEUX !

Cela dit, le choix n'est pas si simple. En effet, certains chiens souffrent du froid et/ou de l'humidité, ce qui fera qu'une vie en extérieur leur sera difficilement supportable, tandis que d'autres préféreront la fraîcheur de l'extérieur (ce n'est pas la majorité !). Soyez donc avant tout à l'écoute des besoins de votre chien.

Si votre chien vit à l'intérieur mais qu'il aime passer du temps dans le jardin, sachez qu'il existe des grandes chatières qui lui permettront d'avoir un libre accès au jardin. Cela peut être utile si votre chien vieillissant a besoin d'uriner plus souvent et que vous ne pouvez pas être systématiquement disponible pour lui ouvrir la porte ou que vous êtes absent.

L'INTÉRIEUR

L'ARRIVÉE DANS LA MAISON

- **Juste avant son arrivée,** installez ses couchages, sa gamelle d'eau et ses jouets et pensez à sécuriser les escaliers ou les pièces où vous ne souhaitez pas qu'il aille. Pour cela, il suffit d'installer des barrières à bébé.
- **Quand il arrive,** faites-lui faire le tour de la maison, des différentes pièces. Accompagnez-le et laissez-le explorer à son rythme. Montrez-lui où se trouvent ses couchages et sa gamelle d'eau.
- **La première nuit,** le chien, qui vient d'être séparé de sa fratrie ou de ses copains de refuge, risque de pleurer. Il va donc falloir être disponible pour lui. Si vous ne souhaitez pas qu'il dorme dans votre chambre, vous pouvez aller dormir dans la pièce où il est les premières nuits afin de le rassurer.

LES ESCALIERS

- *Sécurisez-les en empêchant l'accès grâce à une barrière à bébé si votre chien est jeune. Monter les escaliers pour un chien en pleine croissance est en effet déconseillé. Lorsqu'il sera grand, attention à ce qu'il ne glisse pas dans l'escalier.*
- *Certains chiens ont peur de monter et/ou descendre les escaliers. Dans ce cas, ne le forcez surtout pas : montez plutôt devant lui une ou deux marches en l'encourageant et en le félicitant à la moindre tentative de sa part. Avec de la patience et de la bienveillance, il prendra confiance et apprendra à monter et à descendre les escaliers.*

LE PANIER

À la maison, si votre intérieur est spacieux, disposez plusieurs lieux de couchage.

Le mot panier est utilisé pour parler du lieu de couchage, peu importe ce qu'il est : matelas, tapis, vrai « panier »...

Un lieu de repos où le chien se sent bien et en sécurité

Veillez à choisir un panier adapté à la taille de votre chien que celui-ci apprécie. Si certains chiens préfèrent la dureté d'une moquette ou d'un tapis, d'autres aiment le moelleux d'un matelas quand d'autres encore ont besoin d'être bien calés dans un vrai panier. D'ailleurs, de nombreux magasins spécialisés en accessoires pour chiens proposent différents types de couchages. Vous pourrez ainsi trouver des matelas à mémoire de formes pour votre compagnon vieillissant, qui lui éviteront les escarres dues au sol dur.

Si vous avez du carrelage au sol, le couchage du chien doit être isolé du sol froid.

Un endroit où le chien ne sera pas dérangé

Placez le panier dans un endroit où votre chien sera tranquille. Pas question en effet de devoir enjamber votre chien pendant qu'il dort dedans ! Ne le mettez pas pour autant dans un coin isolé de la maison. Il n'aimerait pas être loin des membres de la famille.

✖ ***Toute intrusion dans le panier est interdite.***
Pas question de venir faire un câlin au chien pendant qu'il est dedans.

CANAPÉ ET LIT...

Dois-je laisser mon chien monter sur le canapé ? A-t-il le droit de dormir sur le lit ? Voilà des questions que beaucoup de propriétaires se posent.

Pendant longtemps, il était courant d'entendre que si on laissait son chien monter sur le canapé ou dormir sur le lit, il prendrait le pouvoir et deviendrait dominant ! Toutes ces théories sur une pseudo-dominance entre l'humain et le chien sont obsolètes et dangereuses. Votre chien ne cherche pas à vous dominer en montant sur le canapé. Il cherche du confort, sans compter qu'il s'agit d'un endroit où les membres de la famille se regroupent régulièrement, ce qui rend le canapé très attractif pour lui.

La question est donc plutôt : suis-je d'accord pour qu'il monte sur le canapé ?

Si la réponse est oui

Vous pouvez lui attribuer une partie du canapé en la délimitant au moyen d'une couverture/plaid. Invitez votre chien à monter en tapotant sur le plaid et félicitez-le.

Pour le faire descendre, dites-lui « Médor, tu descends » et félicitez-le lorsqu'il le fait. Ne le poussez pas et ne le tirez jamais pour le faire descendre. Vous pouvez aussi vous accroupir à 1 m du canapé, tapoter vos cuisses pour l'appeler et le récompenser lorsqu'il vient.

Si la réponse est non

Placez un couchage près du canapé pour que votre chien ne sente pas isolé lorsque la famille sera sur le canapé. Encouragez-le à s'y coucher en l'invitant à y aller.

Lors de ses premières tentatives pour monter dessus, évitez de surréagir en poussant de grands cris. En effet, si vous montrez que le canapé a une forte valeur à vos yeux, vous le rendrez encore plus attrayant. Pour le faire descendre, suivez les recommandations vues précédemment.

Pour éviter que votre chien monte sur le canapé **pendant vos absences,** vous pouvez poser dessus des chaises qui en bloqueront l'accès. Ainsi, il ne prendra pas l'habitude de s'installer dessus, et progressivement (s'il a à sa disposition des couchages qui lui plaisent), vous ne serez plus obligé de mettre les chaises.

LES DANGERS

Soyez prudent pour éviter les accidents domestiques. Rangez les médicaments, les produits d'entretien et les produits chimiques pour que votre chien n'y ait pas accès. Attention ! Certains chiens savent ouvrir les portes des placards et les tiroirs. Si c'est le cas du vôtre, utilisez les placards situés en hauteur ou installez des sécurités enfants pour empêcher leur ouverture.

N'utilisez pas de raticides ou de souricides. C'est très dangereux : le chien peut en effet ingérer le poison en jouant avec les sachets/boîtiers ou s'empoisonner indirectement en mangeant un rongeur mort contaminé.

L'EXTÉRIEUR

LE JARDIN

Même s'il est très sympa d'avoir un jardin qui permette au chien d'aller dehors régulièrement, cela ne remplace en rien des sorties journalières.

Quoi qu'il en soit, accompagnez de temps en temps votre chien lorsqu'il sort dans le jardin et marchez avec lui. Cela rendra la sortie dans le jardin plus sympathique. Vous pouvez vous amuser à y cacher un jouet. Vous trouverez des idées d'activités à faire avec lui dans votre jardin dans plusieurs pages du livre.

Si vous stockez du matériel dans votre jardin, veillez à ce que rien ne puisse blesser votre chien. Assurez-vous également qu'il ne creuse pas sous la clôture et vérifiez régulièrement l'état de celle-ci pour éviter toute fugue. Ne posez rien contre la clôture : votre chien pourrait s'en servir pour prendre son élan et passer par-dessus.

LE BALCON

Si vous avez un balcon, pensez à le sécuriser : si votre chien est petit, il risque de tomber en passant entre les barreaux ; s'il est grand, il peut sauter par-dessus la rambarde...

✖ *Un balcon n'est pas un canisite et encore moins le lieu où laisser votre chien lors de vos absences. Même de petite taille, il a besoin d'être promené, d'explorer, de renifler et de croiser des congénères.*

Le medical training

Il convient d'habituer son chien dès le plus jeune âge à être touché un peu partout pour pouvoir lui administrer les soins de base. Les difficultés à soigner son chien (lui faire avaler un médicament, nettoyer une petite plaie ou lui faire un bandage après une opération) ne sont pas irrémédiables. Grâce au medical training, votre chien participera volontairement et activement aux soins, sans stress pour lui ni pour vous !

C'EST QUOI ?

Le medical training, ou entraînement médical, a d'abord été développé par les zoos pour soigner les animaux sauvages captifs. Ces entraînements ont pour but de faciliter les soins grâce à la collaboration de l'animal, évitant ainsi de le stresser, qu'il se montre agressif ou de mettre en danger l'équipe médicale ou les soigneurs.

Grâce à des exercices quotidiens au cours desquels l'animal est récompensé pour sa participation, ce dernier va associer les soins à des séances de jeux. On habitue progressivement l'animal à chaque étape du soin. Il n'est jamais contraint ou puni.

Cette technique est aussi utilisée pour habituer les animaux domestiques aux soins quotidiens et aux soins vétérinaires.

Si votre chien a peur chez le vétérinaire, qu'il est prostré ou montre des comportements agressifs (grognement ou morsure), le medical training pourra l'aider. N'hésitez pas à vous faire accompagner par un éducateur professionnel maîtrisant la technique. Le travail commencera chez vous et se poursuivra chez votre vétérinaire.

COMMENT ÇA FONCTIONNE ?

L'idée est de créer une association positive avec les différentes manipulations. Ainsi le chien se laissera toucher et montera de lui-même sur la table de soin où il sera récompensé.

Pour cela, vous pouvez utiliser un clicker, mais ce n'est pas une obligation. Vous pouvez tout à fait remplacer le click par « oui/yes/bien » et utiliser des friandises. Prévoyez d'en avoir un grand nombre car vous allez en avoir besoin ! Elles devront être de petite taille et humides (saucisse, blanc de poulet…), pour ne pas faire de miettes.

Attention ! La friandise doit être donnée après la manipulation et non en même temps. Le chien doit faire l'association « je fais ceci » - « je suis récompensé ».

Décortiquez bien toutes les étapes du soin pour avancer doucement. Au début, faites des séances courtes, pas plus de 15 min environ. En fonction du soin travaillé et de la difficulté pour le chien, les premières séances pourront être beaucoup plus courtes.
Arrêtez-vous avant que le chien manifeste des signes de lassitude, et toujours sur une réussite.

LA COUPE DES GRIFFES

ÉTAPE 1 : faire donner la patte au chien

1. Placez-vous dans un endroit calme où vous ne serez pas dérangé.
2. Posez le coupe-griffes au sol à côté de vous pour que votre chien s'habitue à sa vue. Gardez les friandises à proximité pour piocher dedans rapidement.
3. Placez votre main, paume vers le haut, près de votre chien. Dès qu'il touche votre main avec sa patte, dites « oui » et récompensez-le. Renouvelez la manœuvre jusqu'à ce qu'il mette bien sa patte dans votre main et récompensez-le systématiquement. Attention ! À aucun moment, vous ne devez retenir sa patte.

ÉTAPE 2 : apprendre au chien à laisser sa patte sur votre main

1. Placez votre main devant lui, attendez qu'il mette sa patte dessus et comptez une seconde avant de le récompenser.
2. Augmentez progressivement le temps avant de le récompenser.

ÉTAPE 3 : habituer le chien à ce que l'on touche ses griffes

1. Lorsque votre chien va poser sa patte dans votre main, touchez un de ses doigts juste au-dessus de la griffe. Dites « oui » et récompensez-le.
2. Refaites cette étape plusieurs fois en touchant les différents doigts de sa patte.

ÉTAPE 4 : habituer le chien à l'approche du coupe-griffes

1. Refaites l'étape précédente, puis approchez le coupe-griffes de la patte sans la toucher, dites « oui » et récompensez votre chien.
2. Refaites l'exercice plusieurs fois et lorsque votre chien est à l'aise, touchez le bout d'une griffe, félicitez-le et récompensez-le.
3. Vous devez pouvoir toucher sans difficultés toutes les griffes avec le coupe-griffes avant de passer à l'étape suivante.

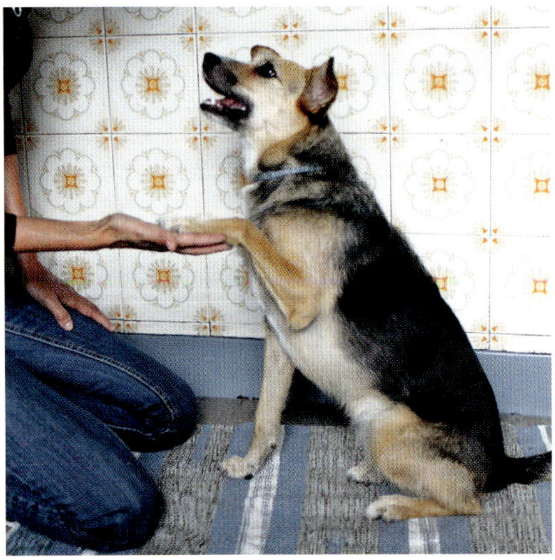

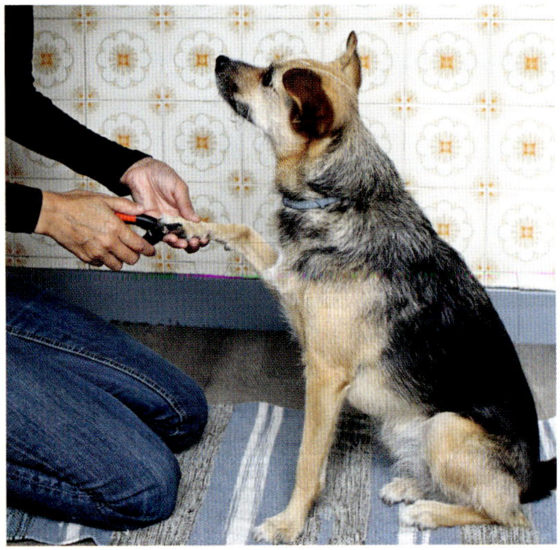

ÉTAPE 5 : couper la griffe

1. Approchez le coupe-griffes, glissez la griffe à l'intérieur puis retirez-la. Félicitez votre chien récompensez-le.
2. Refaites la même chose sur toutes les griffes. Félicitez et récompensez systématiquement votre chien.
3. Une fois cette dernière étape bien acquise, vous pouvez couper la griffe puis le féliciter et le récompenser. Pour les autres pattes, reprenez tout depuis le début.

En fonction de la sensibilité et des craintes de votre chien, vous pourrez avoir besoin de plusieurs jours pour franchir les différentes étapes. Ne cherchez pas à aller trop vite !

LE BROSSAGE

Prenez une brosse et des friandises en grand nombre. Si votre chien s'enfuit à la vue de la brosse, commencez la séance assis par terre dans une pièce au calme.

1. Posez la brosse au sol devant vous. Dès que votre chien regarde la brosse, félicitez-le et récompensez-le. Très rapidement, il va comprendre qu'il n'y a aucun danger et regardera volontiers la brosse pour avoir sa récompense. Si c'est le cas, attendez qu'il s'en approche avant de le féliciter et de le récompenser.
2. À présent qu'il est à l'aise en présence de la brosse, prenez-la dans votre main. Si votre chien ne part pas, félicitez-le. Renouvelez l'exercice plusieurs fois.
3. Puis refaites la même chose mais en approchant la brosse de l'épaule de votre chien. S'il ne bouge pas, félicitez-le. Si ce n'est pas le cas, retour à l'étape précédente.
4. Touchez l'épaule du chien avant de le féliciter et de le récompenser. Renouvelez l'exercice plusieurs fois avant de faire de légers mouvements de brosse sur cette zone. Progressivement, passez à d'autres zones du corps.

Faites des petites séances ; vous ne brosserez pas entièrement votre chien en une fois ! Évitez de lui faire mal durant les séances de brossage. Lorsqu'il y a un nœud, tenez la base du poil pour ne pas que cela tire sur la peau.

L'APPRENTISSAGE DE LA CIBLE

Votre chien va à présent apprendre à toucher une cible avec son museau et à rester dans cette position pendant qu'on le touche/manipule. Cela peut faciliter les soins chez le vétérinaire.

La cible peut être un objet que l'on tient, une cible collée au mur à hauteur de la tête du chien ou tout simplement votre poing. Comme pour les exercices précédents, installez-vous au calme avec des friandises à portée de main. Votre chien devant rester debout pendant cet exercice, vous ne le récompenserez que s'il est resté debout.

1. Placez la cible à environ 20 cm de la truffe de votre chien. Dès qu'il touche avec sa truffe ou renifle la cible, félicitez-le « oui/yes/bien » et récompensez-le. Refaites l'exercice plusieurs fois.

2. Une fois que votre chien a bien compris, vous allez travailler le « pas bouger ». Pour cela, présentez-lui la cible. Lorsqu'il la touche, attendez une seconde avant de le féliciter et de le récompenser. Refaites l'exercice plusieurs fois et, progressivement, attendez 2 secondes, 3 secondes, 5 secondes, 8 secondes... Faites cet exercice plusieurs jours.
3. Pour la suite, l'idéal est de faire l'exercice avec une personne qui va jouer le rôle du vétérinaire.

- Placez-vous face à votre chien. La 2e personne se place à côté du chien sans bouger.
- Tendez votre poing et laissez votre chien venir le toucher avec sa truffe, patientez quelques secondes puis félicitez-le et récompensez-le. Si la présence de la 2e personne le perturbe, refaites l'exercice plusieurs fois avant de passer à l'étape suivante.
- Placez le poing en face de votre chien. Dès qu'il vient y coller la truffe, la 2e personne touche la cuisse du chien. S'il ne bouge pas, félicitez-le et récompensez-le. S'il se retourne, ne dites rien et recommencez l'exercice.
- Refaites l'exercice plusieurs fois. Puis la 2e personne va varier les zones touchées. Progressivement, si tout se passe bien, elle pourra soulever une patte, faire mine de regarder entre les griffes, travailler l'habituation des coupes de griffes...

Si une étape ne fonctionne pas, c'est que vous êtes allé trop vite pour votre chien. Dans ce cas, retournez aux étapes précédentes et, au besoin, faites des étapes intermédiaires.

L'habituer à la douche

Laver son chien n'est pas forcément une partie de plaisir, surtout s'il a peur de l'eau et s'il n'est pas habitué à ce moment si particulier. On ne fait pas prendre une douche à son chien sans avoir pris certaines précautions, au risque de le traumatiser. De plus, nombre d'entre nous se demandent quand et comment laver leur chien. Voyons cela…

LES INFOS DE BASE

LE LAVAGE

Les salissures peuvent empêcher la peau de respirer et attirer plus facilement les parasites, sans parler des allergènes (les pollens), qui, à la belle saison, restent sur les poils du chien et peuvent générer des réactions allergiques. Il faut également savoir que les toxines de l'organisme s'éliminent par la peau. Voilà pourquoi un brossage régulier (pour éliminer les poussières et les nœuds) et des shampoings permettent au chien de se sentir bien.

Pour la fréquence des douches, tout dépend du type de pelage et des conditions de vie du chien, mais sachez qu'un chien peut être lavé une fois par mois ou plus s'il est sale. Un simple rinçage à l'eau est valable uniquement si on cherche, par exemple, à retirer le sel de la mer après une baignade.

TOILETTAGE

Vous pouvez faire appel à un toiletteur pratiquant le toilettage comportemental. Ces professionnels, formés à la « lecture » du chien, permettent au chien de s'habituer progressivement aux différents gestes et de vivre des séances de toilettage tout en douceur.

LE MATÉRIEL

Pour le chien

- Un shampoing pour chien, au pH adapté à sa peau. Le shampoing sec ne lave pas le chien. On l'utilise uniquement sur une petite zone en cas d'urgence.
- Un tapis antidérapant pour la douche ou la baignoire pour ne pas que le chien glisse.
- Un tapis ou une serviette au sol pour la sortie de la douche.
- Une serviette pour sécher son chien à la fin de la douche et, si besoin, un sèche-cheveux (*cf.* ci-dessous).
- Des friandises pour le récompenser.

Pour vous

Adaptez votre tenue ! Vous risquez en effet d'être mouillé lorsque votre chien va s'ébrouer. De plus, il vous faudra peut-être entrer dans la douche/baignoire pour l'accompagner et le rassurer. Un maillot de bain peut s'avérer utile !

L'EAU

La température de l'eau est à adapter en fonction de la saison et du chien. On évitera l'eau trop chaude en plein été et l'eau trop froide en hiver...

LE PROTOCOLE D'HABITUATION

Habituez votre chien à la douche/bain dès son plus jeune âge. Peu importe son tempérament, qu'il aime se baigner ou pas, jouer avec le tuyau d'arrosage ou pas. Bien évidemment, cela prendra plus de temps avec un chien méfiant ou craintif, mais ce n'est pas grave. Habituer le vôtre à la douche lui permettra de vivre ces séances sans stress !

LUI APPRENDRE À RENTRER DANS LA BAIGNOIRE

La première étape consiste à apprendre à votre chien à rentrer dans la baignoire tout seul. Pour cela, il va falloir y aller progressivement :

1. Lorsqu'il s'approche de la baignoire, félicitez-le et récompensez-le d'une friandise. Au besoin, vous pouvez placer un grand marchepied près de la baignoire pour en faciliter l'accès au chien.
2. Rentrez dans la baignoire vide et invitez votre chien à venir vous rejoindre. Félicitez et récompensez chaque petite avancée. Ne dites jamais non et n'essayez pas de l'agripper. Votre chien doit être en permanence libre de ses mouvements. Quant à vous, vous devez rester enthousiaste et patient (si ce n'est pas le cas, reportez la séance à un autre jour).
3. Continuez jusqu'à ce que votre chien rentre de lui-même dans la baignoire ou la douche. S'il a très peur, il faudra certainement plusieurs séances (1 à 2 séances tous les 2 jours). Ce n'est pas grave : le but n'est pas d'y arriver rapidement mais d'obtenir que votre chien soit à l'aise dans cette situation.

VOTRE CHIEN EST TOUT PETIT

Si vous avez un petit chien qui ne peut pas rentrer de lui-même dans la baignoire, prenez-le dans les bras. Généralement les petits chiens en ont l'habitude. Si ce n'est pas le cas, il faudra l'y habituer progressivement.

4. Rentrez dans la baignoire vide avec lui, félicitez-le et récompensez-le, puis faites-le ressortir. Faites l'exercice plusieurs fois jusqu'à ce qu'il n'ait plus aucune crainte.
5. Une fois que votre chien est à l'aise dans la baignoire, laissez-le y rester de plus en plus longtemps en le félicitant et en le récompensant.

Durant les séances, soyez à l'écoute de votre chien et des signaux qu'il émet (cf. *p. 66*).

L'HABITUER À L'EAU

1. Une fois que votre chien rentre volontiers dans la baignoire avec vous, faites couler **tout doucement** de l'eau au fond de la baignoire. S'il regarde et écoute l'eau couler sans peur, récompensez-le. S'il préfère sortir, laissez-le faire et renouvelez l'expérience plus tard. À cette étape, ne le mouillez pas.
2. Recommencez cette étape plusieurs fois jusqu'à ce que votre chien n'ait plus peur du bruit de l'eau.
3. Progressivement, approchez le pommeau de son corps et mouillez-le doucement tout en le félicitant et en le récompensant. Attention à ce que le jet ne soit pas trop fort pour ne pas lui faire peur ! Évitez de mettre de l'eau dans ses oreilles et de passer le pommeau de douche sur son museau pour ne pas qu'il avale ou inhale de l'eau. Faites aussi en sorte que l'eau ne lui rentre pas dans les yeux !

LE SHAMPOING

1. À présent que votre chien est à l'aise dans la baignoire et qu'il se laisse mouiller à l'aide du pommeau de douche, vous pouvez

appliquer le shampoing sur son corps. La technique est la même que celle utilisée pour se laver les cheveux: on répartit le shampoing sur le pelage et on frictionne délicatement. Attention à ne pas mettre du shampoing dans ses yeux et dans sa gueule! Félicitez régulièrement votre chien de se montrer calme. Vous pouvez aussi le récompenser.

2. Une fois que tout son corps est frictionné, vous pouvez rincer votre chien en suivant la technique employée pour le mouiller.

✖ *Avant le bain, assurez-vous que votre chien n'a pas de nœuds dans les poils. Si c'est le cas, brossez-le. Ne faites surtout pas de shampoing s'il y a des nœuds au risque de ne plus pouvoir les démêler après...*

LA FIN DU BAIN

1. Une fois que votre chien est bien rincé, prenez la serviette et commencez à le frictionner délicatement.
2. Puis demandez-lui de sortir de la baignoire pour continuer de le sécher avec la serviette sur le tapis. Généralement, les chiens apprécient cette étape et se frottent volontiers sur le tapis ou la serviette posée au sol, après s'être ébroués. Pour un chien au pelage dense, plusieurs serviettes seront peut-être nécessaires.

LE SÉCHAGE

Vous pouvez laisser votre chien finir de sécher à l'air libre. Passez du coton dans ses oreilles au cas où de l'eau serait rentrée dedans.

Sécher un chien au sèche-cheveux nécessite de l'y avoir habitué au préalable. En effet, le sèche-cheveux est bruyant, dégage de la chaleur et brasse de l'air, ce qui peut inquiéter votre chien.

L'HABITUER AU SÈCHE-CHEVEUX

Matériel: Un sèche-cheveux avec différentes puissances dont on peut régler la température; des friandises.

ÉTAPE 1

1. Posez le sèche-cheveux éteint au sol près du chien et récompensez-le dès qu'il s'y intéresse (qu'il le regarde, le renifle ou le touche).
2. Si votre chien est à l'aise, prenez le sèche-cheveux dans la main. Vous pouvez progressivement approcher l'objet de son corps, le féliciter et le récompenser.

ÉTAPE 2

1. Placez-vous à 2 ou 3 m de votre chien et allumez le sèche-cheveux en position minimum (adaptez la distance en fonction de sa réaction). S'il a peur, c'est que vous êtes trop près. Dans ce cas, refaites l'exercice en vous plaçant plus loin. N'envoyez surtout pas l'air en direction du chien.
2. Faites l'exercice plusieurs fois. Le but est d'avoir un chien à l'aise. Reportez la séance à un autre jour si vous sentez qu'il en a assez. Il est préférable de travailler au moyen de petites séances espacées. Cela doit rester ludique pour lui!

ÉTAPE 3

1. Votre chien étant désormais à l'aise avec le bruit du sèche-cheveux, approchez ce dernier sur le côté de son corps. Évitez de mettre le sèche-cheveux en face de sa gueule car c'est très désagréable pour lui. Félicitez-le et récompensez-le.
2. Si votre chien montre des signes de peur, revenez à l'étape précédente.

✖ *Surveillez la température de l'air expulsé pour ne pas brûler votre chien. Attention! Les muqueuses (truffe, yeux, vulve...) sont plus sensibles.*

Le massage canin

Il existe des soins alternatifs capables d'apporter du bien-être à votre chien (les mêmes que pour les humains). Ces soins sont en plein développement et des professionnels peuvent vous y former : le massage, le reiki, le shiatsu et l'ostéopathie. Attention, ces techniques ne remplacent nullement les soins vétérinaires, elles les complètent.

LE MASSAGE CANIN

FONCTIONNEMENT

Grâce au massage, le chien ressent un état de bien-être qui agit sur le physique et le psychique. Cela va contribuer à le soulager d'éventuelles douleurs grâce à la libération d'endorphines et à renforcer son système immunitaire par une action sur le système lymphatique. En effet, lors du massage, le cerveau bascule vers les fibres du système nerveux parasympathique : le rythme cardiaque diminue, la respiration ralentit, les muscles se détendent et la digestion fonctionne à nouveau bien. L'organisme revient en fait à l'état de repos.

Une séance dure entre 20 et 45 min en fonction de la taille du chien et de son acceptation aux manipulations. Lors de la première séance, le chien découvre de nouveaux touchers qui sont différents de tout ce qu'il connaît (caresses, manipulation vétérinaire, toilettage…). Comme il est primordial que cette séance se passe bien, choisissez un praticien formé ayant une bonne lecture du chien et qui ne va pas le contraindre.

BIENFAITS

Le massage contribue à développer le lien de confiance entre le chien et l'homme. Il permettra en outre **au chiot** une prise de conscience du corps, l'habituera aux manipulations, lui apprendra à se poser et à se familiariser avec les humains.

Le chien adulte apprendra à lâcher prise, renforcera son système immunitaire et son lien avec l'homme.

Le massage déclenchera le système nerveux parasympathique **du chien stressé,** lui permettant d'accéder à un état de bien-être, lui apportera détente musculaire et favorisera un bon fonctionnement de son système digestif.

Il soulagera les douleurs musculaires et articulaires du **chien âgé,** palliera son manque d'activité et maintiendra la souplesse de ses articulations, tout en renforçant son système immunitaire.

Il préparera le corps du **chien sportif** avant toute activité à la sollicitation importante des muscles et des articulations, et, après l'activité, favorisera une bonne récupération.

Il ne faut donc pas vous en priver, ni en priver votre chien…

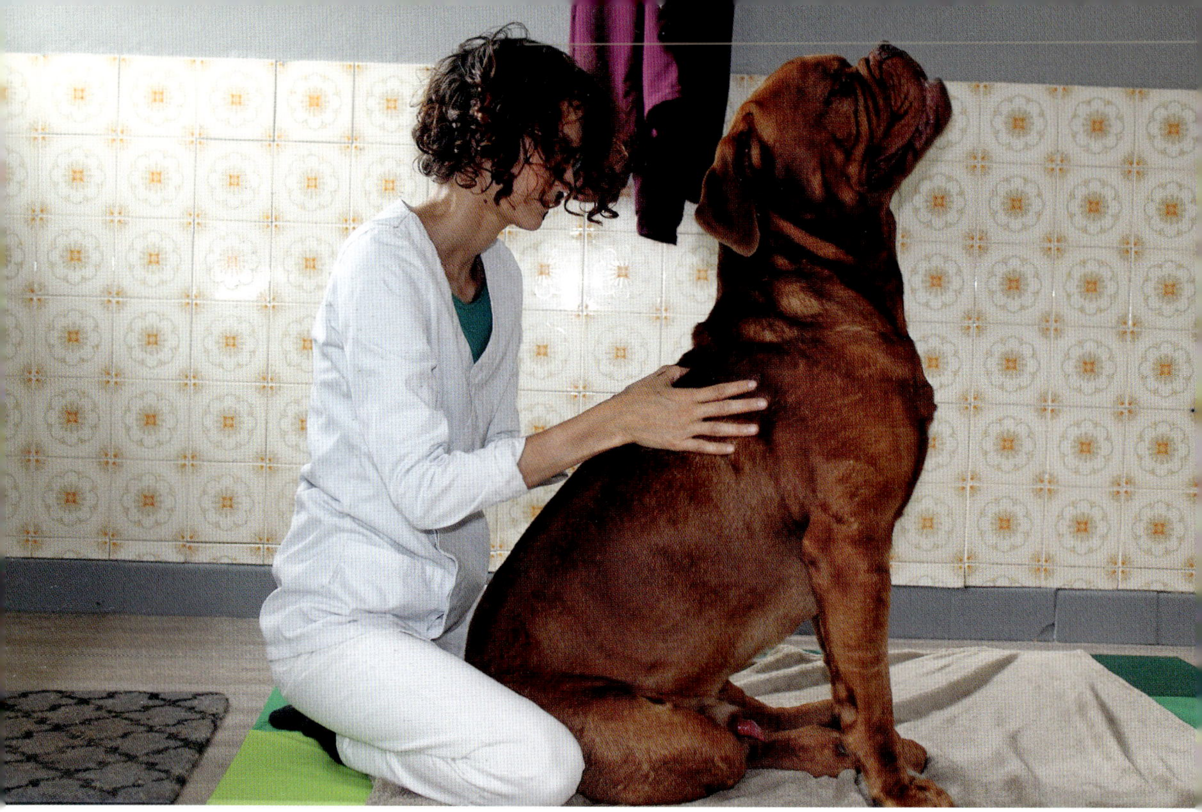

QUELQUES TOUCHERS SIMPLES

Le massage canin se compose de différents types de touchers : effleurages, pressions, compressions, vibrations, pétrissages, tapotements...

Effleurage : toucher doux et apaisant

Posez votre main à plat et effleurez le dos de votre chien avec la pulpe des doigts et de la paume. Faites trois passages du museau au bout de la queue et sur les pattes (en partant des épaules/cuisses au bout de la patte).

Lissage : toucher apaisant

Le toucher est identique à l'effleurage, mais la pression change. Appuyez plus avec votre main comme si vous faisiez une caresse appuyée. À faire sur les mêmes parties du corps que l'effleurage. Vous pouvez également faire du lissage circulaire en posant votre main à plat et en formant des cercles en appuyant légèrement au niveau des épaules et des cuisses pour chauffer les muscles.

Pétrissage

Vous allez pétrir au niveau du dos, des épaules et des cuisses en faisant un mouvement circulaire semblable à celui que l'on fait lorsque l'on pétrit la pâte du pain, qui allie pression et relâchement. Pressez, soulevez légèrement et relâchez la peau simultanément avec les deux mains. Attention à ne pas pincer la peau pour ne pas faire mal au chien. Ce toucher favorise une bonne circulation, l'oxygénation des tissus et l'élimination des toxines.

UN PROTOCOLE DE DÉTENTE

Voici un petit protocole simple. Pour faire profiter votre chien de tous les bienfaits du massage, faites appel à un professionnel formé aux massages canins (www.yapasdos.fr/annuaire-des-praticiens-en-massage-canin.html).

Durant la séance, si votre chien souhaite partir, laissez-le faire. Vous pouvez l'inviter à revenir. S'il ne revient pas, la séance est terminée. Petit à petit, il prendra confiance et restera de plus en plus longtemps.

L'installation

- Installez-vous dans une pièce au calme ou personne ne viendra vous déranger. Si vous avez d'autres animaux, faites-en sorte qu'ils ne viennent pas déranger votre chien durant la séance. Dans le cas contraire, il pourrait rester sur le qui-vive et regarder ce que fait son copain.
- Posez au sol une couverture au centre de la pièce. Vous devez pouvoir tourner autour du chien durant toute la séance. Donc pas de massage contre un mur. Le fait d'utiliser systématiquement la même couverture et le même lieu favorisera une détente plus rapide pour les prochaines séances. Cette couverture sera en effet associée aux massages et, en la voyant, votre chien viendra s'installer de lui-même dessus, sachant très bien ce qui l'attend !
- Invitez votre chien à venir sur la couverture, puis posez vos deux mains à plat sur lui : une sur le poitrail et une sur le haut des épaules.

Durant la séance, ne transformez pas le massage en soin médical sous prétexte que vous repérez un nœud à démêler ou autre...
Durant toute la séance, restez en permanence en contact avec l'animal en laissant toujours une main posée à plat sur son corps (pas sur le dessus de la tête).

Le protocole

La séance durera environ 15 min.

Effectuez l'effleurage puis le lissage :

- du bout du museau au bout de la queue ;
- de la babine gauche jusqu'au bout de la patte antérieure gauche ;
- de la région costale jusqu'au bout de la patte postérieure gauche ;

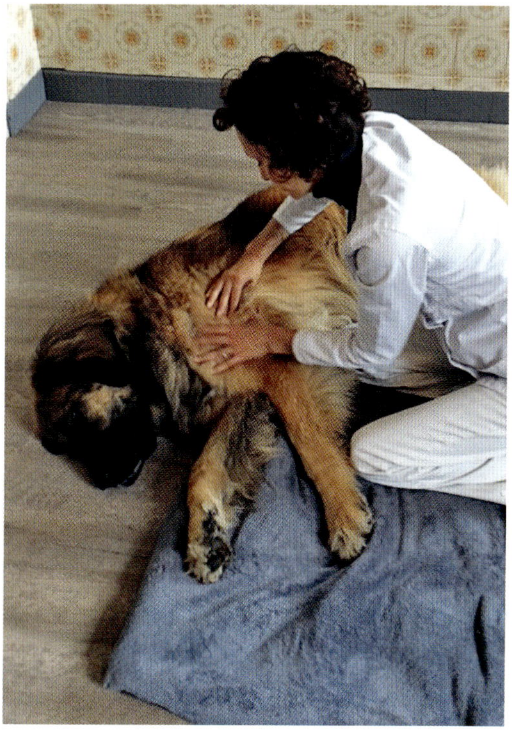

- de la babine droite jusqu'au bout de la patte antérieure droite ;
- de la région costale jusqu'au bout de la patte postérieure droite ;
- de la mandibule jusqu'au poitrail.

Gardez un rythme lent pour apaiser le chien. Si votre rythme est trop rapide, vous allez le stimuler.

Sur le dos, les épaules et les cuisses, alternez lissage circulaire et pétrissage.

Ne restez pas trop longtemps au même endroit au risque d'irriter votre chien. Maintenez un rythme lent pour le détendre et l'apaiser.

Pour terminer ce petit massage, effectuez des lissages puis des effleurages sur les mêmes zones effectuées en début de massage.

LE REIKI

Cette technique de soin énergétique vient du Japon. Elle permet comme pour les humains d'aider les animaux confrontés à des problèmes physiques, émotionnels ou énergétiques, d'améliorer leur capacité d'auto-guérison et de débloquer des traumatismes. C'est également un bon moyen d'accompagner les animaux en fin de vie.
Le reiki est une méthode naturelle, indolore et non invasive qui peut être utilisée seule ou en complément de massages, de traitements thérapeutiques, homéopathiques ou autres... C'est une aide précieuse pour les animaux, quels que soient leur âge, leur espèce ou le problème auquel ils sont confrontés.
Durant la séance, l'animal est libre de se déplacer et aucun toucher ne lui est imposé. L'énergie vitale qui est transmise au chien va lui permettre d'équilibrer sa propre énergie et ainsi d'agir au niveau de son physique, émotionnel et mental.
La séance dure entre 20 min et 1 h.

LE SHIATSU

Cette technique manuelle issue de la médecine chinoise s'intéresse à l'individu dans son environnement, au corps dans sa globalité mais également à l'esprit, les deux étant indissociables. « Shi » signifie doigt et « atsu » pression.
Selon la médecine chinoise, le Qi (l'énergie vitale) circule dans le corps *via* des canaux appelés méridiens. Sur ces méridiens se trouvent les points d'acupuncture. Un déséquilibre de ce Qi peut engendrer des maladies. Le praticien shiatsu va stimuler des points précis pour favoriser une bonne circulation du Qi. Le shiatsu est fait de pressions et relâchements qui stimulent le réseau nerveux. Ce dernier informe le cerveau qui, à son tour, provoque des modifications au niveau de

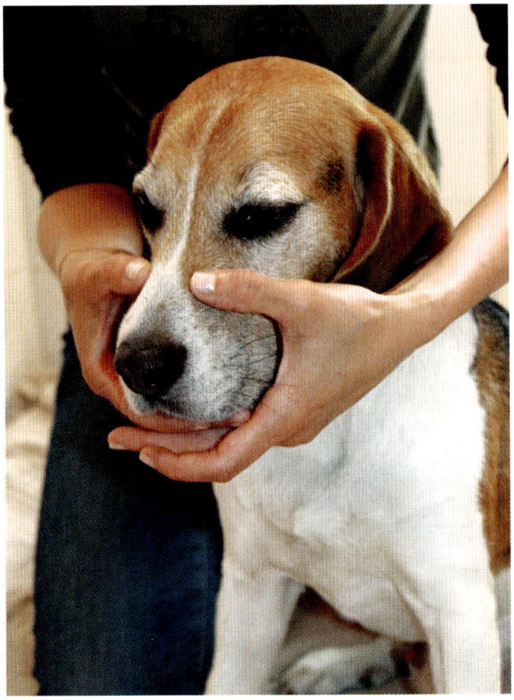

l'organisme. Il permet également de relâcher le système tendino-musculaire, d'agir sur le système respiratoire, hormonal, nerveux et circulatoire (sanguin et lymphatique).
La séance dure entre 20 et 40 min en fonction de la taille du chien. Elle s'effectue sans jamais contraindre le chien.

L'OSTÉOPATHIE

Complémentaire au massage et au shiatsu, l'ostéopathie pour chien s'est fait connaître auprès du grand public ces dernières années. Comme pour les humains, le thérapeute pose ses mains sur le corps du chien, pas forcément là où il a mal. Il va ainsi redonner de la mobilité à une zone du corps douloureuse. Faites appel à un spécialiste formé.
En fonction de la problématique et de la taille du chien, la séance peut durer entre 30 min et plus d'une heure.

Les Fleurs de Bach

Comme nous, les animaux peuvent être confrontés à des émotions qui les perturbent. Les Fleurs de Bach peuvent aider à chaque fois que l'état émotionnel de votre chien est déséquilibré. Elles peuvent être utilisées lors d'une situation perturbante ou lorsqu'il présente un comportement traduisant un stress émotionnel (occasionnel ou chronique). Certains professionnels créent aussi des complexes personnalisés de Fleurs de Bach.

LES FLEURS DE BACH, MODE D'EMPLOI

LE DOCTEUR BACH

Le docteur Edward Bach, né en Angleterre en 1886, s'est voué à la recherche médicale dans les années 1920-1930. Médecin, chirurgien, homéopathe, bactériologiste et immunologiste de grand renom, il a fait des découvertes ayant abouti à la création de sept autovaccins, les « nosodes de Bach ». À 43 ans, il décide de partir en quête de la « vraie » médecine au sein de la nature. Suite à ses recherches, il constate que **les émotions ont un effet marqué autant sur le mental que sur le physique.**
Pour le docteur Bach, une guérison réelle ne peut s'obtenir qu'en traitant la cause profonde du mal et, pour cela, il faut traiter la cause et non le symptôme.

LES ÉLIXIRS DE BACH

Le docteur Bach consacrera les dix dernières années de sa vie à mettre au point 38 élixirs floraux qui permettent de rééquilibrer nos émotions et de nous sentir en accord avec notre vie. Chaque élixir correspond à un état émotionnel à l'origine de notre mal-être. Ces élixirs sont classés en sept familles : la peur, le doute, le manque d'intérêt, la solitude, l'hypersensibilité, le découragement et la préoccupation. Chaque Fleur de Bach vise en effet une émotion spécifique.
Les élixirs naturels sont élaborés à partir de fleurs sauvages et d'eau de source. Chaque préparation, obtenue par dilution et dynamisation solaire, vise à reproduire le phénomène naturel de la rosée matinale : l'eau, sous l'action du soleil, s'imprègne de l'énergie curative de la fleur.

CHEZ LES ANIMAUX

Les Fleurs de Bach peuvent être données à tous les animaux (rongeur, chien, chat, cheval, etc.). Sans effets secondaires, sans contre-indications, très simples d'utilisation, elles sont d'une aide remarquable et peuvent

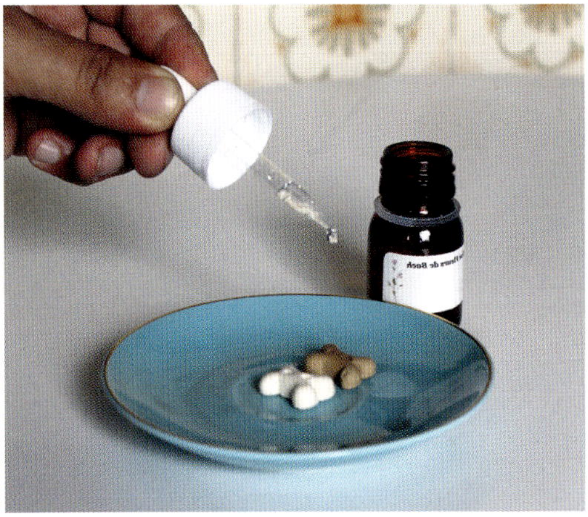

également être données aux animaux sous traitement médical. Dans ce cas, elles ne remplacent pas les soins du vétérinaire, elles les complètent. Elles peuvent aider le chien à :

- mieux appréhender une nouvelle situation/environnement ;
- avoir du bien-être ;
- gagner en confiance ;
- gagner en attention ;
- récupérer après une chirurgie/choc physique ou émotionnel.

D'autres troubles nécessitent un travail comportemental. Celui-ci s'effectue lors d'une consultation avec un professionnel canin. Dans certains cas, les Fleurs de Bach seront d'une aide appréciable pour faciliter les changements mis en place.
Pour déterminer le(s) élixir(s) le(s) plus adapté(s) à votre chien, faites appel à un conseiller en Fleurs de Bach.

LES COMPLEXES PERSONNALISÉS

DÉFINITION

Il s'agit d'un mélange de plusieurs élixirs floraux. Suite à l'étude effectuée lors d'un entretien avec un professionnel, chaque fleur du complexe est sélectionnée en fonction de ses caractéristiques spécifiques pour agir sur les déséquilibres émotionnels. Chaque individu étant différent, ainsi que ses problématiques, le mélange des fleurs choisies va permettre de mieux répondre à **sa situation actuelle**.
Pour en obtenir un pour votre animal, il faut consulter un professionnel canin conseiller en Fleur de Bach, lors d'un entretien téléphonique ou en face-à-face, afin de cerner les problématiques et vos attentes. Des questions vous seront posées pour déterminer les Fleurs de Bach les plus adaptées.

LE RESCUE/COMPLEXE DE SECOURS

Le complexe indispensable à avoir sous la main est le Rescue, également appelé complexe de secours (en fonction des marques). Il s'agit d'un mélange de 5 élixirs floraux qui fonctionne également très bien chez les humains en cas de stress, de trac...
Vous pouvez le donner à votre chien lors d'un événement stressant comme la visite chez le vétérinaire ou la séance de toilettage, ou suite à une grosse émotion, un traumatisme, un malaise, une anesthésie...

Le chien senior

Grâce aux progrès de la science, de la médecine, de la nutrition et de la prévention, le chien vit souvent plus vieux qu'avant. Sa famille doit alors faire face à ses éventuels problèmes de santé et adapter son cadre de vie et ses habitudes pour lui permettre de vivre sereinement ses dernières années. Il le mérite, lui qui a toujours été fidèle à ses humains.

LA VIEILLESSE CHEZ LE CHIEN

ÂGE ET VIEILLESSE

Tous les chiens n'ont pas la même espérance de vie. Les petits chiens vivent plus longtemps que les grands. Il s'agit néanmoins d'une généralité qui dépend de différents facteurs : la race, le patrimoine génétique, les conditions de vie, l'alimentation, l'activité physique et les soins qui lui ont été prodigués tout au long de sa vie.

- Les chiens de petites races (comme le yorkshire ou le caniche) ont une espérance de vie plus longue. On les considère seniors à partir de 10 ans.
- Les chiens de taille moyenne comme le labrador sont eux considérés seniors à 9 ans.
- Les grandes races (comme le bouvier bernois) le sont à 8 ans et les races géantes (comme le Leonberg) à 6 ans environ.

LES MARQUES DE VIEILLISSEMENT

Arthrose

Le chien âgé a souvent de l'arthrose qui engendre douleurs et boiterie. Il aura dans ce cas du mal à se lever le matin ou après être resté longtemps couché. Il va perdre du muscle à cause de la baisse d'activité physique, ce qui lui donnera en outre un aspect plus « osseux ».

Problèmes oculaires

Le chien âgé peut souffrir de problèmes oculaires comme la cataracte sénile qui laisse un reflet blanchâtre sur l'œil. Il s'agit d'une opacification du cristallin qui détériore progressivement la vue du chien. Ce dernier peut également souffrir d'un manque de larmes qui risque d'engendrer des ulcères de la cornée.

Insuffisance cardiaque

Avec l'âge peut apparaître un souffle cardiaque, signe d'une insuffisance cardiaque.

Insuffisance rénale

La dégénérescence des tissus provoque une moins bonne filtration du sang. Le chien senior risque d'avoir un taux d'urée plus élevé dans le sang et de souffrir d'insuffisance rénale.

Incontinence urinaire

Les sphincters du chien âgé fonctionnent moins bien. Cela peut engendrer des accidents. Ne le grondez pas et sortez-le plus souvent.

Tartre

L'halitose (la mauvaise haleine) du vieux chien peut être due à la présence de tartre sur les dents. Le tartre n'est pas à prendre à la légère car les bactéries qu'il contient peuvent avoir des incidences cardiaques et rénales. Il convient donc de surveiller la gueule du chien afin d'éviter une accumulation de tartre qui peut par ailleurs être source de gingivites, de saignements, de déchaussements et de douleurs, ce qui peut entraîner des difficultés pour s'alimenter.

En prévention, donnez une alimentation « dure » (croquettes ou BARF), des os à ronger et brossez ses dents tous les 2 jours (vous y aurez habitué le chien dès le plus jeune âge ou dès l'adoption). Si votre chien a tendance à avoir beaucoup de tartre, des détartrages réguliers sont également à prévoir.

Perte auditive

Comme chez les humains, les chiens prenant de l'âge voient leur audition diminuer. À leurs humains de s'adapter. On pourra taper dans les mains ou au sol pour créer des vibrations lorsque l'on aura besoin d'appeler son chien. Et avant de le toucher, on s'assurera qu'il nous a vu ou senti afin qu'il ne soit pas surpris.

Problèmes digestifs

Le chien âgé a plus de risque de souffrir de problèmes digestifs, comme la constipation et/ou la diarrhée. En effet, la baisse d'activité physique cumulée au fait que les intestins fonctionnent au ralenti peut engendrer de la constipation. On pourra au besoin rajouter des fibres dans l'alimentation et dans tous les cas maintenir un minimum d'activité physique.

Le vieux chien a également tendance à développer plus facilement des intolérances alimentaires pouvant engendrer des diarrhées. N'hésitez pas à consulter rapidement votre vétérinaire en cas de troubles digestifs.

Griffes

Avec la diminution des activités physiques due à son âge, les griffes du chien peuvent s'user moins vite. Or les griffes ne doivent pas être trop longues car elles vont le gêner lorsqu'il marche et engendrer de la douleur. Vérifiez régulièrement leur longueur et, en cas de doute, emmenez votre chien chez le vétérinaire ou le toiletteur.

Poils qui blanchissent

Avec l'âge, le chien va commencer à avoir des poils blancs. Très souvent, ces derniers apparaissent d'abord au niveau du museau et autour des yeux.

Appétit et prise de boisson

Il convient de surveiller l'appétit du chien et de vérifier la quantité d'eau qu'il boit. Une augmentation de sa consommation d'eau peut traduire un dysfonctionnement comme de l'insuffisance rénale, hépatique, du diabète…
En cas d'anorexie et/ou de prise anormale de boisson, consultez votre vétérinaire rapidement.

HOME SWEET HOME

L'ALIMENTATION

Si votre chien est aux croquettes

Votre vétérinaire vous conseillera de passer à une gamme dite senior. Un apport protéique trop important chez le chien âgé fatiguerait en effet la fonction rénale. D'où également l'intérêt de lui donner des croquettes de bonne qualité hautement digestibles avec des protéines de qualité.

Si votre chien est au BARF

N'hésitez pas à faire recalculer sa ration par votre vétérinaire nutritionniste.
L'idéal est de garder une activité masticatoire importante pour limiter l'apparition du tartre. Cela dit, s'il souffre de douleurs dentaires, **une alimentation humide de type pâtée** pourra lui être plus agréable.
Quel que soit le mode d'alimentation choisi, on évitera le surpoids que favorise le manque de mobilité et qui accentue les douleurs articulaires dues à la dégénérescence liée à l'âge.

On peut surélever la gamelle pour éviter au chien de tirer sur ses cervicales et son dos pour manger. Surtout, ne pas utiliser de gamelle qui glisse sur le sol, l'obligeant à marcher derrière la gamelle pendant qu'il mange. La gamelle d'eau (propre et fraîche), qui doit être à proximité, peut être surélevée pour les grands chiens.

LE « PANIER »

Installez le couchage de votre chien au rez-de-chaussée s'il souffre de douleurs articulaires et/ou a des difficultés à se déplacer, afin de lui éviter d'avoir à monter les escaliers.
Par ailleurs, le chien ayant besoin de rester en contact avec la famille, il ne faut pas l'isoler au bout de la maison ou au garage ! Certes il est important qu'il puisse se reposer en toute quiétude et de veiller à ce que les enfants ou un congénère ne viennent pas l'importuner lorsqu'il est dans son panier, mais le chien doit continuer de faire partie de la famille avec toute l'attention et la bienveillance dont il a besoin.

Comme il sera plus longtemps allongé, un matelas à mémoire de forme évitera les escarres et soulagera ses articulations. Il existe des matelas orthopédiques pour chien mais on peut également acheter un matelas pour enfant.

LES JEUX À LA MAISON

S'il est important de maintenir une activité physique adaptée afin de garder la mobilité articulaire et de limiter la fonte musculaire, il faut éviter les activités ayant un impact important au niveau des articulations (jeux de lancer, sauts répétés...).
Les activités masticatoires doivent être maintenues pour l'entretien bucco-dentaire et l'évacuation du stress (*cf.* p. 30).
Le vieux chien a également besoin de garder une activité cognitive. En effet, il est courant de voir de vieux chiens déprimer, s'isoler du groupe et avoir des troubles de l'humeur. Les jeux cognitifs sont intéressants car ils

ne requièrent pas une bonne mobilité physique et que l'on peut les adapter aux capacités physiques et mentales du chien. Idem pour les jeux de discrimination et les plateformes de jeux où le chien doit rechercher les friandises.
En fait, il faut s'adapter à son rythme tout en le stimulant régulièrement de manière adaptée (sorties, jeux, caresses...).

L'APPEL DU LARGE

BALADE

Avec l'âge, le chien peut avoir plus de mal à se retenir pour faire ses besoins. Il convient alors de lui proposer plus de sorties hygiéniques et de ne surtout pas le gronder en cas d'accident.
Afin de maintenir une activité physique essentielle pour les articulations, les muscles et le moral, il faut continuer de lui proposer des balades. Leur durée sera adaptée aux capacités du chien (ainsi que leur difficulté : on évitera notamment les montées trop importantes). Lors de la balade, il faut le laisser marcher à son rythme et renifler à sa guise. Et pourquoi ne pas le laisser choisir son parcours ?

Il existe des manteaux pour chien qui peuvent être intéressants pour le protéger du froid et de la pluie. Ne pas oublier de bien le sécher au retour de balade s'il est mouillé.

AUTRES ACTIVITÉS EXTÉRIEURES

Le vieux chien peut faire du mantrailing (*cf.* p. 58). Cette activité s'adapte en effet à la condition physique du chien tout en lui permettant de maintenir une activité physique et cognitive.
L'odorat chez le chien se dégradant moins vite que les autres sens (comme l'ouïe et la vue), on peut aussi organiser une partie de recherche dans son jardin. Dans ce cas, faites chercher à votre chien son doudou préféré ou des friandises.
Nager est également une activité intéressante pour les chiens vieillissants qui vont pouvoir se dépenser allégés du poids du corps. Attention ! La natation restant une activité intense, ne faites que de courtes séances. Des centres de remise en forme vétérinaires avec piscines existent. Pensez à bien sécher votre chien après la baignade.
Pour la voiture, on peut utiliser une rampe pour faire monter le chien et éviter qu'il ne saute ou d'avoir à le porter.

LE BIEN-ÊTRE

LES SOINS

Mieux valant prévenir que guérir, **des visites régulières chez le vétérinaire** permettent de diagnostiquer rapidement toute maladie. Une fois par an, le vétérinaire propose aux propriétaires de chien senior d'effectuer un bilan gériatrique de leur compagnon. Après avoir ausculté le chien, il effectue une prise de sang pour faire un bilan sanguin. À cela peuvent s'ajouter une analyse d'urine, une échographie, une radio... Tout dépend de l'état du chien et de vos observations.
Tous les soins du quotidien (brossage, nettoyage des oreilles, pose du harnais...) seront effectués avec douceur et bienveillance. En effet, ce qui était anodin il y a encore quelques années peut aujourd'hui engendrer douleur et angoisse chez le chien senior.
En plus des soins vétérinaires, **la médecine alternative** est un complément qui offre de bons résultats pour assurer confort et bien-être au chien senior :

- Au moins deux visites préventives par an chez l'ostéopathe permettront de le maintenir en forme et d'éviter des douleurs supplémentaires.
- Que ce soit pour des problèmes physiques ou psychiques, l'homéopathie peut être

une aide non négligeable sans effets secondaires. Prenez conseil auprès d'un vétérinaire homéopathe.

- Des complexes de plantes peuvent soulager ses douleurs articulaires et bien d'autres problèmes. Vous pouvez prendre conseil auprès d'un vétérinaire spécialisé en phytothérapie.
- Le vétérinaire acupuncteur place des aiguilles sur le corps du chien afin de traiter certaines affections. Cela va permettre de le soulager et de traiter des déséquilibres physiques et psychiques.
- Le praticien en massage canin va soulager les douleurs articulaires et musculaires du chien. Il va également le détendre et agir sur les effets négatifs du stress sur l'organisme. Des massages réguliers permettront de soulager le vieux chien, de pallier le manque d'activités et de maintenir la souplesse des articulations (*cf.* p. 87).

RELATION AVEC LES AUTRES

Il convient d'être plus attentif au vieux chien et à ses besoins, et plus souple au quotidien. Ses douleurs et ses difficultés de mobilité sont notamment à prendre en compte. Ainsi, même s'il s'asseyait toujours pour avoir sa gamelle, on évitera de le lui demander désormais. Et s'il avait pour habitude de faire la sieste sur le canapé à côté de vous et qu'il ne peut plus sauter, procurez-vous un marchepied ou prenez-le dans les bras pour soulager ses articulations et lui permettre de continuer à partager des moments à vos côtés (attention à être là pour la descente !).

Par ailleurs, un vieux chien ayant des douleurs et des humeurs changeantes, il est important d'apprendre aux enfants à ne pas l'importuner. Tout le monde devra le laisser tranquille lorsqu'il est dans son panier et faire attention lors des caresses. En effet, si le chien ressent de fortes douleurs, il peut avoir des réactions rapides pour faire stopper le contact. Attention à ne pas le surprendre et à s'assurer qu'il nous a entendu, vu et senti avant de le toucher. Les caresses seront légères et douces pour ne pas engendrer de la douleur.

UN AUTRE CHIEN ?

Beaucoup de propriétaires, pour anticiper l'absence et le vide que le chien laissera une fois décédé, décident de prendre un autre chien, pensant aussi parfois le stimuler. Attention à ne pas adopter un jeune chien fougueux qui va épuiser le vieux chien perclus d'arthrose et de douleur. De plus, on peut se demander comment l'attention donnée au deuxième chien pour son éducation sera vécue par votre chien. Aura-t-on également toujours autant de temps à accorder au chien senior qui en a tant besoin maintenant qu'il est âgé ?

Si vous optez pour un deuxième chien, faites-le alors que le premier est encore en forme. Et évitez d'adopter un jeune chiot lors des derniers mois de vie de votre chien.

THE END

La perte de son animal est toujours un moment douloureux. On souhaite tous voir partir son vieux chien en douceur durant son sommeil. Mais dame nature ne faisant pas toujours bien les choses, parfois, vient le moment que redoute tout propriétaire de chien : l'euthanasie. Cette décision loin d'être facile à prendre a pour but d'éviter toute souffrance inutile à un chien en fin de vie et de lui permettre de partir dans de bonnes conditions.

L'euthanasie se déroule au cabinet vétérinaire ou chez soi si le vétérinaire est d'accord. À chacun d'accompagner au mieux son compagnon lors de ces derniers moments, chaque propriétaire de chien étant le plus à même de savoir ce qui est bon pour son compagnon. Le vétérinaire est là pour vous conseiller.

Le chien et l'enfant

La présence d'un chien est bénéfique pour l'éveil de l'enfant, sa motricité, le responsabiliser... Le chien est son ami, quelqu'un à qui il peut tout confier et qui le réconforte. Malheureusement, il peut aussi devenir parfois son souffre-douleur... C'est à l'adulte d'apprendre à l'enfant à bien se comporter et à respecter le chien afin que la cohabitation soit harmonieuse.

DEUX CARACTÈRES COMPATIBLES ?

PRUDENCE

La cohabitation enfant-chien implique une **surveillance constante de l'adulte** et le respect de quelques règles.

Côté enfant

Le chien n'est pas une peluche et l'enfant ne va pas toujours comprendre ses codes de communication. Ainsi lorsque le chien montre les dents pour signaler à l'enfant son inconfort, ce dernier peut voir un chien qui sourit et continuer ce qu'il était en train de faire, d'où un risque de morsure.

L'enfant doit être respectueux, sinon, lors des prochaines rencontres, le chien risque d'être méfiant, d'avoir un seuil de tolérance plus bas et une réaction plus vive. De plus, un enfant peut faire mal au chien sans s'en rendre compte. Il peut ainsi s'appuyer sur lui lorsqu'il commence à marcher, lui tomber dessus ou lui marcher sur la queue... Pis, certains enfants s'amusent à faire mal à leur chien ou redirigent leur colère sur ce compagnon toujours à portée de main.

Un enfant a également parfois des gestes brusques, une démarche saccadée lorsqu'il commence à marcher, une tendance à s'agripper aux poils ou à la queue du chien, il crie, court... Pour un chien non familiarisé aux enfants, il représente alors un individu inquiétant qui peut être associé à des moments de douleurs et d'inconfort.

Côté chien

Il n'y a pas de chien gentil et de chien méchant. Et pas non plus de chien peluche ! N'importe quel chien peut mordre si l'enfant n'a pas su lire les signaux du chien, si les adultes n'étaient pas là pour surveiller ou si l'enfant a fait mal au chien volontairement ou involontairement... Voilà pourquoi **il ne faut jamais laisser un enfant sans surveillance, même avec le plus adorable des chiens.** Un adulte doit toujours être présent afin de s'assurer que les échanges sont respectueux. De plus, un grand chien peut par exemple facilement, en courant, renverser un petit. L'adulte est là pour éviter les situations à risque et gérer l'excitation de tout le monde. Les jeux d'excitations avec un enfant en présence d'un chien sont d'ailleurs fortement déconseillés.

LE CHOIX DU CHIEN

Si vous songez à adopter un chien et que vous avez déjà un/des enfants(s), il est important de se demander si vos enfants sont à l'aise avec les chiens. Avec tous les chiens ? Grands et petits ? N'auront-ils pas peur d'un chien remuant ? D'un chiot qui va leur sauter dessus ? La race, le gabarit et l'âge du chien sont des éléments à également prendre en compte. Le choix de l'élevage est aussi primordial. Adopter un chiot qui a été en contact régulier avec des enfants et bien familiarisé à l'homme facilitera en effet la cohabitation pour tout le monde.

✖ *Attention au chien cadeau que l'on offre à l'enfant ou à l'ado. Un chien n'est pas un cadeau, ce n'est pas un objet que l'on offre. Accueillir un chien est une décision qui doit être réfléchie. Pensez que votre enfant/adolescent se chargera de tout est une erreur. Qui s'occupera du chien lorsqu'il partira en vacances chez les copains ou lorsqu'il partira faire ses études dans une autre ville ?*

✖ *Enfin, ayez à l'esprit qu'un chien n'est pas une nounou, et que son travail n'est pas d'occuper les petits dans le jardin pendant que les adultes sont à l'intérieur.*

COHABITATION ENFANT-CHIEN

AVEC UN ENFANT

Dès son plus jeune âge, habituez progressivement votre chien aux enfants. Pour cela, faites les premières rencontres avec des enfants calmes au cours d'une balade. Ainsi le chien associera les enfants à des moments agréables. L'enfant ne devra pas imposer de caresses au chien pendant cette promenade.

Les règles de base

Dès que votre enfant est en âge de comprendre, enseignez-lui à :

- Caresser le chien en douceur, sans tirer sur les poils.
- Ne pas enlacer un chien.
- Connaître les signaux d'apaisement (*cf.* p. 66). Voilà notamment pourquoi chaque adulte doit connaître ces signaux. Si ce n'est pas le cas, de nombreux éducateurs professionnels proposent des cours/stages pour apprendre à bien « lire » son chien.
- Lorsque le chien montre les dents ou grogne, stopper immédiatement ce qu'on est en train de faire.
- Ne pas embêter le chien lorsqu'il est dans son panier. Ce lieu est interdit aux humains. C'est sa zone à lui, pour s'isoler, se reposer et être tranquille.
- Ne pas toucher au jouet ou à l'os avec lequel le chien joue ou qui est proche de lui.
- Ne rien chercher à reprendre de la gueule du chien.
- Ne pas toucher à la gamelle du chien. C'est à l'adulte de gérer cette tâche et non à un enfant.
- Laisser le chien manger au calme.
- Ne jamais punir ou gronder le chien. S'il embête l'enfant, c'est à l'adulte de gérer la situation.
- Ne jamais toucher un chien que l'on ne connaît pas. Demander à un adulte avant si on peut lui proposer une caresse.
- Ne jamais empêcher un chien de s'extraire d'une situation.

Les interactions interdites

Les courses-poursuites. Le jeu du chat et de la souris met l'enfant dans le rôle de proie et déclenche l'instinct de poursuite du chien. Ce type de jeu peut être source d'accident (chute et morsure, le chien pour faire stopper l'enfant pouvant l'attraper avec la gueule).

Le corps à corps. On ne joue pas à la bagarre avec un chien. Ce n'est pas un humain, il ne communique pas de la même manière. Un chien utilise en effet sa gueule dans ce type d'interaction avec les congénères.

Pas de jeux « tire-tire » où le chien tire dans un sens et l'enfant dans l'autre.

Pas de jeux de compétition entre le chien et l'enfant pour savoir qui obtiendra le jouet.

Pas de jeux d'excitation. On ne laisse pas un chien en présence d'un groupe d'enfants énervés. Il pourrait s'exciter à son tour ou être mal à l'aise au milieu de ces petits qui s'agitent, ce qui peut être source d'accident. Si vous voyez votre chien commencer à s'agiter, stoppez le jeu immédiatement. Le chien, une fois très excité, aurait en effet plus de mal à se contrôler et à vous écouter. Il pourrait aussi se montrer plus brusque.

Les interactions possibles

L'enfant peut **tenir la laisse du chien pendant les balades** (dans ce cas, doublez la laisse pour éviter toute chute si le chien tire à la vue d'une distraction). Associer l'enfant aux balades permettra au chien d'associer le petit à des choses agréables.

On peut demander à l'enfant de s'occuper de **la gamelle d'eau** : voir lorsqu'il manque de l'eau et la remplir.

Le brossage peut également être effectué par l'enfant (toujours sous surveillance d'un adulte) s'il est à l'écoute des signaux d'apaisement du chien et qu'il est doux.

Les jeux possibles (toujours sous la surveillance d'un adulte) :

- La recherche de jouets dans la maison ou dans le jardin : l'enfant cache un jouet (ou des friandises) puis demande au chien de le retrouver.
- Cache-cache. Le petit va se cacher et le chien doit le retrouver.
- L'enfant peut accompagner l'adulte aux cours d'éducation et y participer. Attention toutefois à ce que l'enfant ne sollicite pas en permanence l'animal pour qu'il exécute des exercices.

- L'enfant peut participer aux jeux autour de la discrimination d'objets (*cf.* p. 55).

Le mode d'emploi des caresses

L'enfant ne doit pas aller vers le chien mais l'inviter à venir près de lui d'une voix amicale : « Médor, tu viens. » Puis il laisse le chien lui renifler la main. Pendant que le chien le renifle, il ne doit pas le toucher. Une fois que le chien a reniflé et s'il reste près de l'enfant, ce dernier peut le gratouiller au niveau du poitrail. Si le chien se détourne, montre des signes d'inconfort ou s'écarte, l'enfant doit cesser de le caresser. Si le chien reste, se colle à l'enfant et réclame du contact, le petit peut continuer à le caresser calmement. Régulièrement, il s'arrêtera de le caresser pour voir si le chien souhaite qu'il continue ou non.

AVEC UN BÉBÉ

Neuf mois plus tôt

Votre chien partage votre vie depuis quelques mois/années et un heureux événement se prépare : un bébé va agrandir la famille. Si vous êtes enceinte, votre chien a probablement déjà repéré vos changements hormonaux. De nombreuses femmes affirment même que leur chien était au courant de leur grossesse bien avant qu'elle-même le sache ! Elles ont en effet pu observer un changement de comportement chez leur chien devenu « plus collant » avec elle.

Quelques mois avant la naissance

L'arrivée d'un bébé ou d'un enfant au sein d'une cohabitation comprenant un chien se prépare. Le chien est-il familiarisé avec les enfants ? Côtoie-t-il régulièrement des enfants ? Est-il à l'aise en leur compagnie ? Si ce n'est pas le cas, faites appel à un comportementaliste pour vous accompagner.

L'arrivée d'un enfant implique également que vous aurez moins de temps à consacrer à votre chien qui, jusqu'ici, était au centre de vos attentions. Voilà pourquoi il faut dès à présent l'habituer progressivement au rythme que vous aurez une fois bébé à la maison. N'attendez pas l'arrivée de bébé car, dans ce cas, la diminution des sorties et de l'attention que vous lui portiez sera associée à l'arrivée de celui-ci, créant des conflits entre eux deux.

Dans le même ordre d'idées, si vous pensez interdire des pièces au chien une fois bébé présent, faites-le dès maintenant.

Les présentations

Lorsque bébé arrive à la maison, laissez le chien le flairer tout simplement. Ne rendez pas la situation exceptionnelle et ne le tenez pas au collier ou dans vos bras. Soyez détendu. Bien entendu, faites attention à ce que le chien ne bouscule pas le bébé sans le faire exprès. Ne grondez surtout pas le chien s'il lèche ou bouscule bébé, au risque qu'il associe ce dernier à la réprimande et de créer une animosité entre lui et le bébé. Guidez le chien dans sa manière d'interagir avec bébé en le félicitant lorsqu'il a une approche calme.

La vie quotidienne

N'isolez pas le chien de la vie avec bébé. Il peut être là lors de son repas ou lorsque bébé est près de vous.

✖ *Ne laissez jamais le chien sans surveillance avec bébé, même si c'est juste pour aller chercher quelque chose dans une autre pièce.*

Soyez attentif à votre chien lorsque le bébé pleure ou crie, certains sons pouvant stresser les chiens. Si vous sentez que votre chien n'est pas bien, offrez-lui la possibilité de sortir de la pièce afin de se mettre au calme.

Continuez de proposer des moments complices à votre chien. Ne le mettez pas de côté, et vous verrez que de belles complicités enfant-chien sont possibles.

Les idées préconçues

Les idées reçues pullulent sur ce que doit ou ne pas être un « bon » comportement de chien et ce qui lui convient. Mais ce n'est pas si simple. Petit passage en revue des idées fausses les plus courantes.

COMPORTEMENT

JE DOIS POUVOIR REPRENDRE UN OS DANS SA GAMELLE

Il est courant d'entendre dire qu'il faut pouvoir mettre la main dans la gamelle pendant que le chien mange ou lui retirer un os à sa guise… On éviterait ainsi tout accident lié à la défense de ressource. Faux.

Ce n'est pas en dérangeant le chien pendant qu'il mange que vous allez lui permettre de se détendre autour de cette ressource si importante à ses yeux qu'est la nourriture. À l'inverse, vous allez le pousser à manger vite et rendre les repas anxiogènes. Certains chiens se montreront encore plus intolérants à la présence d'un tiers lors du repas.

Plus le chien constatera que personne ne vient l'embêter pendant qu'il mange et qu'il n'a pas à craindre que quelqu'un vienne lui voler sa nourriture, et plus il se détendra.

Si votre chien est tendu lors des repas et a tendance à défendre sa gamelle, préparez-la hors de sa présence, posez-la au sol, puis laissez-le manger seul au calme. Attendez qu'il ait terminé et retirez la gamelle en dehors de sa présence. N'hésitez pas à faire appel à un comportementaliste qui vous guidera sur l'organisation des repas.

MON CHIEN DOIT STOPPER CE QU'IL FAIT DÈS QUE JE DIS « NON »

Le « non » n'indique pas au chien ce qu'il doit faire. Plutôt que de dire « non », dites à votre chien ce que vous attendez de lui ! Ainsi, quand, en balade, il part dans la mauvaise direction, dites « Médor, demi-tour » ou « Médor, viens » ou « Médor, stop » afin de lui indiquer précisément ce qu'il doit faire. Ce sont par ailleurs des comportements que l'on va pouvoir récompenser et renforcer.

Si « non » vous échappe de temps en temps, dites tout de suite après à votre chien ce que vous attendez de lui.

UN CHIEN TRÈS CALME QUI FAIT TOUT BIEN EST UN CHIEN HEUREUX

Pas forcément. Souvent, les propriétaires de chien pensent que leur chien est heureux sous prétexte qu'il ne présente pas de comportements gênants pour l'humain. Or un chien qui écoute « au doigt et à l'œil » n'est pas forcément un chien heureux !

Comme les humains, les chiens sont tous différents et il convient de l'accepter et de s'y adapter. L'écoute des besoins de son chien,

la compréhension de ses codes de communication, la cohérence au quotidien, le respect mutuel, une relation de confiance basée sur la bienveillance..., voilà quelques-uns des ingrédients nécessaires pour rendre son chien heureux. Une éducation stricte qui inhibe l'animal n'en fait pas partie.

L'HUMAIN DOIT DOMINER LE CHIEN

Faux. Encore de nos jours, il est courant d'entendre que, pour se faire respecter de son chien, il faut « être le dominant ». Cette vision obsolète et dangereuse de la relation homme-chien est à mettre au placard une bonne fois pour toutes. Il n'y a pas de dominance interspécifique (entre deux espèces différentes).

Pour vous faire écouter de votre chien, installez une relation harmonieuse basée sur la confiance et la compréhension mutuelle. Vous verrez qu'il aura plaisir à répondre à vos demandes.

UN CHIEN SAIT QUAND IL A FAIT UNE BÊTISE

Votre chien a mangé votre belle chaussure. Comme, lorsque vous découvrez « sa bêtise », il fait sa tête de coupable, vous vous dites qu'il sait très bien qu'il a fait une bêtise. Non : votre chien envoie tout simplement des signaux d'apaisement (*cf.* p. 66) car il a vu que vous étiez contrarié. Ces signaux ont pour but de s'apaiser et d'apaiser l'individu d'en face pour éviter le conflit. Ce qui pour nous est une bêtise peut pour lui tout simplement répondre à un besoin comme de mâchouiller votre chaussure qui porte votre odeur car il stresse durant vos absences...

LES AUTRES ANIMAUX

LES CHIENS N'AIMENT PAS LES CHATS

Ça dépend... Un chien habitué aux chats depuis sa plus tendre enfance acceptera plus facilement la présence d'un chat. Un chien adulte que l'on met progressivement en contact avec un chat dans de bonnes conditions peut également bien tolérer ce nouveau compagnon. En revanche, il arrive qu'un chien n'ayant pas été familiarisé aux chats chasse les chats. Dans ce cas, la cohabitation devient dangereuse.
Parfois de grandes amitiés naissent entre chiens et chats !

POUR ÊTRE HEUREUX, UN CHIEN DOIT VIVRE AVEC UN AUTRE CHIEN

Pas forcément... Le patrimoine génétique, la manière dont il a été élevé et les expériences qu'il a vécues tout au long de sa vie font du chien un animal plus ou moins sociable. La socialisation aux congénères doit commencer à l'élevage et être entretenue tout au long de la vie du chien. Un chien doit donc être en contact avec d'autres chiens régulièrement. Mais ce n'est pas parce que votre chien apprécie le contact avec les congénères à l'extérieur qu'il sera content d'en accueillir un à la maison. Il s'agit en effet là d'individus qui ne vont pas forcément se choisir... Cela ne vous est jamais arrivé que l'on vous présente une personne et que vous ne l'appréciiez pas ? Et si maintenant on vous disait « tu vas vivre avec 24 h/24 », seriez-vous heureux ? Les chiens, comme nous, développent des amitiés avec certains chiens et évitent le contact avec d'autres.

L'adoption d'un deuxième chien ne va par ailleurs pas pallier votre manque de disponibilité pour le premier. Si vous souhaitez un deuxième chien pour l'occuper, votre motivation n'est pas bonne, et vous risquez d'avoir deux chiens qui s'ennuient...

Avoir un deuxième chien requiert d'avoir plus de temps à leur consacrer. Pourrez-vous doubler les sorties si pour « x » raisons, vous ne pouvez pas sortir les deux chiens en même temps ? Avez-vous les moyens financiers pour répondre aux besoins d'un deuxième chien (alimentation, soins vétérinaires, toilettage...) ? Votre intérieur vous permet-il d'accueillir un deuxième chien dans de bonnes conditions ? Avez-vous pensé que certains lieux de vacances acceptent la présence d'un seul chien et que vos recherches d'un lieu de villégiature seront plus compliquées ? Autant de réflexions à avoir avant de passer le pas.

Si votre chien apprécie les congénères, que vous avez bien réfléchi et que vous souhaitez accueillir un deuxième chien, il faudra le préparer à l'arrivée de ce nouveau compagnon et prendre en compte de nombreux paramètres pour bien le choisir. L'aide d'un comportementaliste vous sera utile pour choisir le deuxième chien, partir sur des bases saines et l'accueillir dans de bonnes conditions.

UN CHIEN BIEN SOCIABILISÉ S'ENTEND AVEC TOUS LES CHIENS

Un chien bien sociabilisé s'adapte plus facilement aux différents chiens car il a bien acquis les codes canins et a l'habitude de côtoyer différents individus. Mais ce n'est pas pour autant qu'il va forcément sympathiser avec tous les chiens. Les chiens ont également leurs affinités, comme nous l'avons vu précédemment. De plus, si le chien d'en face a une mauvaise communication, est harcelant ou cherche le conflit, le premier peut éviter le contact ou bien le « prendre en grippe ».

LES HUMAINS

JE PEUX/DOIS EMMENER MON CHIEN PARTOUT AVEC MOI

Il est important de familiariser votre chien aux différents environnements, aux humains, aux congénères... dès son arrivée et/ou lorsqu'il est chiot. Mais attention, sous couvert de le familiariser le plus vite possible, il n'est pas question de le faire n'importe comment. Il faut y aller progressivement ! C'est ainsi que l'on évitera d'emmener tout de suite son chien à la sortie d'école pour le familiariser aux enfants. Il ne s'agit dans ce cas pas de familiarisation mais d'immersion, ce qui pourrait provoquer le contraire de l'effet escompté. Les premières expériences étant primordiales, il faut choisir autant que possible les situations pour les faire :

- Ainsi, pour la familiarisation aux enfants, on commencera par un enfant calme dans un environnement où le chien est à l'aise. Pourquoi pas en balade ?
- Pour les congénères, les premières rencontres se feront avec des chiens ayant une bonne communication. Attention à ne pas mettre votre chien uniquement en contact avec d'autres chiots s'il l'est lui-même. Les chiots interagissent en effet souvent de manière excitée s'il n'y a pas d'adulte pour les calmer lorsque cela dégénère.

Une fois qu'il est adulte se pose la question de l'intérêt d'emmener votre compagnon dans des lieux inadéquats comme les fêtes avec feu d'artifice (qui pourrait lui faire peur), la soirée du 31 décembre où il sera confronté à des humains « survoltés » et à de la musique, le marché de Noël où il risque de se faire marcher dessus, etc. Ne serait-il pas mieux au calme à la maison ? Il n'y a pas de règle, chaque chien étant différent, d'où l'importance de toujours se demander ce qui est le mieux pour lui en fonction de sa sensibilité.

MON CHIEN DOIT S'ENTENDRE AVEC TOUS LES HUMAINS

Il arrive que certains chiens réagissent à un profil de personne. Certains chiens peuvent avoir peur de certains hommes, des enfants ou encore d'une personne qui boîte. Souvent, cela est dû à une absence de familiarisation, le chien n'ayant pas l'habitude de côtoyer ce type de personnes. Cela peut également faire suite à une/des mauvaise(s) expérience(s), ce qui est le cas des chiens maltraités qui se montrent ensuite méfiants vis-à-vis de certaines personnes.

Voilà pourquoi on ne peut pas obliger son chien à s'entendre avec tout le monde. On peut en revanche l'aider à avoir moins peur de certains profils en évitant de lui imposer des contacts et une proximité avec les personnes dont il se méfie. Un comportementaliste pourra vous aider.

✖ *En fonction de votre attitude, votre chien peut percevoir votre méfiance et se montrer à son tour méfiant.*

LES ACTIVITÉS

JE FAIS BOUGER MON CHIEN UN MAXIMUM

Il est important de répondre aux différents besoins du chien, dont la dépense physique fait partie. Pour cela, il faut lui proposer des activités prenant en compte son âge, son tempérament et ses capacités physiques. Le besoin d'activités varie d'un individu à l'autre, avec par ailleurs certaines prédispositions raciales. Certains chiens pourront ainsi plus facilement avoir des activités nécessitant de l'endurance (ex. le husky) tandis que pour d'autres, il faudra réduire l'activité (ex. le carlin), sans oublier de s'adapter à l'individu unique qu'est votre chien. Dépense physique ne veut par ailleurs pas forcément dire agility, jeux de balles... On peut aussi lui proposer de découvrir de nouveaux environnements, d'explorer, de renifler, de côtoyer des congénères... À vous de voir ce qu'il préfère.

Si vous avez un chiot, appliquez la règle des 5 min d'exercice par mois d'âge par jour (pour un chiot de 3 mois, cela fait par exemple 15 min max./jour). S'il peut quand il est seul jouer et s'occuper à sa guise car il gère son rythme, il faut respecter cette règle pour les balades et les séances d'exercices (ex. marche en laisse, rappel...) jusqu'à l'âge adulte. Attention à ne pas surstimuler votre chiot au risque d'avoir un chien qui ne sait pas se poser. Pas d'agility, de sauts et de jeux de balles pour les chiots. Junior étant en croissance, ce type d'activité peut en effet avoir des répercussions graves qui n'apparaîtront que plus tard (comme de la dysplasie).

Si votre chien ne sait pas se poser et s'agite tout le temps malgré de nombreuses activités physiques, peut-être a-t-il justement trop d'activités, trop de sollicitations. Favorisez des activités calmes qui le font travailler mentalement (les activités autour du flairage sont intéressantes pour ce type de profil) et renforcez le calme. Pour cela, récompensez votre chien lorsqu'il se pose et qu'il est paisible dans son panier.

LE CLUB CANIN, C'EST LE MUST

Les clubs canins sont des associations reconnues par la société centrale canine. Les cours sont animés par des bénévoles. Les formations de ces bénévoles n'étant pas forcément connues des propriétaires, il est difficile de les évaluer et de savoir si ces personnes continuent de se former. De plus, les clubs canins proposent des cours collectifs (avec souvent beaucoup trop de binômes humain-chien sur le terrain) qui ne permettent pas d'adapter le cours à chaque chien. Par ailleurs, introduire des exercices éducatifs en première intention lors de cours collectifs ne va pas faciliter les apprentissages pour votre chien. En effet, lorsque l'on montre à un chien un nouvel apprentissage, on commence dans un milieu pauvre en stimulations pour travailler dans de bonnes conditions, avant de généraliser l'apprentissage dans différents lieux avec diverses stimulations. Le club canin, lui, donne des cours collectifs d'éducation uniquement sur le terrain. Enfin, emmener un chien dont on ne connaît pas la sensibilité et la capacité à supporter la présence d'autant d'individus dans un cours collectif peut avoir des répercussions graves. C'est ainsi que certains chiens deviennent réactifs aux congénères suite à des cours collectifs mal gérés où leurs craintes n'ont pas été observées et/ou respectées et où ils ont été contraints de rester sur le terrain. Voilà pourquoi, avant d'introduire votre chien au sein d'un cours collectif en club, il convient de faire des séances individuelles avec un professionnel pour effectuer les premiers apprentissages et apprendre à lire et à comprendre votre chien. Des centres d'éducation gérés par des professionnels proposent des séances d'éducation individuelles adaptées à votre chien, à son tempérament et à sa sensibilité, aux difficultés rencontrées et à vous. Ces mêmes professionnels introduisent souvent progressivement d'autres chiens lors des cours. De plus, ils savent sélectionner les chiens qui seront présents. Choisissez un professionnel qui continue de se former régulièrement.

Que ce soit pour les clubs canins ou pour les centres d'éducation gérés par des professionnels, assurez-vous des méthodes utilisées. Faites appel à des personnes utilisant uniquement des méthodes respectueuses et bienveillantes. Pas de collier semi-étrangleur, étrangleur, torcatus ou électrique ; pas de « non » à tout va ; pas d'intimidation ; pas de coup de laisse. Le professionnel doit être à l'écoute des craintes de votre chien ; il doit vous expliquer comment bien communiquer avec votre chien. Aucune violence physique ne doit être acceptée.

TOUS LES CHIENS AIMENT JOUER (BÂTON, BALLE...)

Durant la journée, votre chien va s'occuper de différentes manières. Il est important qu'il sache le faire seul et qu'il ne soit pas en permanence dans l'attente que vous vous lui proposiez des activités. Pour cela, laissez-lui à disposition différents types de jouets et de quoi mastiquer (*cf.* p. 30). Et ne venez pas le déranger quand il s'amuse.

Attention aux activités répétitives comme les jeux de lancer (balle, bâton), qui peuvent créer une addiction. C'est ainsi que certains chiens ne profitent plus des balades car ils sont en attente perpétuelle que l'humain lance un bâton...

Par ailleurs, certains chiens sont plus joueurs que d'autres. Alors si votre chien n'aime pas jouer à la balle, s'il ne la rapporte pas, est-ce si important ? Demandez-vous dans ce cas qui aime le plus jouer au lancer de balle : vous ou votre chien ? Il existe de nombreuses autres activités pour interagir avec votre chien, non addictives et bien plus enrichissantes pour votre chien et votre binôme ! Peut-être aussi préfère-t-il renifler, marcher, courir, réfléchir... À vous de trouver les activités les plus appréciées par votre chien pour partager des moments privilégiés avec lui.

Comment savoir que son chien est heureux ?

Nous l'avons vu, on ne peut pour cela se contenter de penser qu'un chien est heureux parce qu'il ne dérange personne. Alors peut-on vraiment le savoir ? Si on ne devait en sélectionner que quatre, quelles seraient les principales conditions à son bonheur ?

UNE ÉDUCATION RESPECTUEUSE

Proposez à votre chien une relation harmonieuse avec une éducation respectueuse, cohérente et bienveillante. Un minimum d'éducation est bien sûr essentiel pour permettre au chien de vivre avec les humains en sécurité (écoute, marche en laisse, rappel...). Une éducation où il sera encouragé et valorisé renforcera votre binôme.

UNE BONNE « LECTURE » DE SON CHIEN

Comment peut-on se faire bien comprendre de son chien si on ne maîtrise pas les modes de communication canine ? Tout propriétaire de chien devrait connaître la communication canine, les signaux d'inconfort et être à l'écoute de ce qu'exprime son chien. N'hésitez pas à vous faire accompagner d'un professionnel pour mieux comprendre le vôtre. Nul besoin d'attendre d'avoir des problèmes pour faire appel à un comportementaliste : instaurer dès le départ une bonne communication vous évitera bien des soucis et vous rendra autonome dans votre relation.

UNE ÉCOUTE DE SES BESOINS ET DE SES ENVIES

Répondez à ses besoins de dépenses physiques, mentales, masticatoires, et de contacts sociaux. Soyez à l'écoute de ses préférences et de ses capacités physiques. N'oubliez pas que chaque chien est unique et qu'il faut s'adapter à lui.

CONFORT ET SOINS

Apportez au quotidien confort et bien-être à votre compagnon à quatre pattes. Cela passe par prendre soin de sa santé en consultant régulièrement un vétérinaire, lui donner une alimentation de qualité, lui proposer un couchage adapté, des jouets pour l'occuper, de l'attention, l'habituer aux soins afin que ceux-ci soient bien vécus et n'engendrent pas de stress. Par ailleurs, prenez le temps de réfléchir, de comprendre et acceptez de vous remettre en question lorsque quelque chose ne va pas. Enfin, profitez de tous les moments de bonheur et de partage aux côtés de votre compagnon. Les chiens nous font le bonheur de nous accompagner dans nos vies de fou. À nous de les remercier en faisant tout ce qui est en notre pouvoir pour les rendre heureux.

Index

SITES INTERNET

Administration et santé

- **Enva** (École nationale vétérinaire d'Alfort). www.vet-alfort.fr. Pour faire soigner son chien au meilleur prix et dans de bonnes conditions.
- **Ordre national des vétérinaires**. www.veterinaire.fr/outils-et-services/contacter-un-centre-antipoison.html. Pour contacter un centre antipoison
- **Icad** (identification des carnivores domestiques). www.i-cad.fr. Organisme qui gère le fichier des identifications électroniques des carnivores domestiques et le fichier national félin.
- **Filalapat:** www.filalapat.fr. Pour déclarer un animal perdu ou retrouvé.
- **SOS PETS:** www.sospets.fr. Application pour trouver un vétérinaire ouvert près de chez vous

Éducation et activités pour chien

- **Vox animae.** www.vox-animae.com. Pour trouver un professionnel du comportement et de l'éducation près de chez vous.
- **Y'a pas d'os, centre d'Élodie Martins.** www.yapasdos.fr. Chaîne Youtube, avec conseils utiles.
- **Fédération des sports canins.** www.fslc-canicross.net/les-disciplines

Pratique du mantrailing en loisir

- Centre Y'a pas d'os. http://yapasdos.fr
- Chien presque parfait. www.chienpresqueparfait.fr

Bien-être

- Annuaire des praticiens en massage canin: www.yapasdos.fr/annuaire-des-praticiens-en-massage-canin.html
- Pour se procurer des élixirs de cristaux: www.ansil.org
- Pour se procurer un complexe de Fleurs de Bach: www.yapasdos.fr/les-fleurs-de-bach.html

LIVRES

V. Dramard, *Le comportement du chien de A à Z*, Ulmer.
M. Jeanmart, *Bien éduquer son chien. Les conseils pratiques d'une éducatrice comportementale*, Ulmer.
E. Martins et F. Claustres, *Apprivoiser son chien en 10 minutes par jour*, Artémis.
J. W. Pilley, *Chaser, le chien qui comprend plus de 1000 mots*, J.-C. Lattès.
T. Rugaas, *Les signaux d'apaisement*, Les éditions du Génie canin.

CRÉDITS DES PHOTOS ET DESSINS

Toutes les photos sont d'Élodie Martins, sauf:
- Françoise Claustres: p. 15
- Véronique Dhelft: pp. 23, 85
- Fotolia: 6, 8-9, 22, 31, 33, 36, 44, 49, 60, 64-65, 69, 81, 95, 100, 102, 110, 111, 112, 116
- Florence Icard: pp. 4, 21, 28g, 29
- Antoine Isambert: p. 119
- 123RF: p. 75.

24, rue de Mogador
75009 Paris
Tél.: 01 48 05 03 03
Fax: 01 48 05 02 04
www.editions-ulmer.fr
Rejoignez-nous sur Facebook et Instagram

Réalisation: Julia Verneau
Responsabilité éditoriale: Raphaèle Dorniol
Impression: Printer Trento, srl
ISBN: 978-2-37922-018-0

N° d'édition: 018-01

Dépôt légal: février 2019
Printed in Italy

MIXTE
Papier issu de sources responsables
FSC® C015829